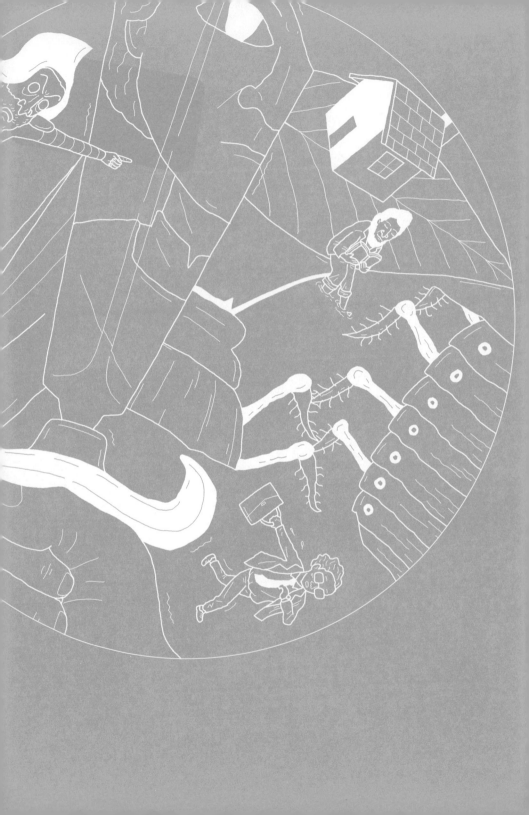

들어가는 말

→

'아리아드네의 실'을 잡고
고전의 미로를 통과하기

그리스 신화에 사람의 몸에 소의 머리와 꼬리를 가진 '미노타우로스'라는 괴물 이야기가 나온다. 크레타 섬의 미노스 왕은 방과 복도로 복잡하게 얽혀 있어 한번 들어가면 누구도 빠져나올 수 없는 미로 궁전 '라비린토스'를 만들어 이 괴물을 가두어 버린다. 그리고 아테네로부터 매년 남녀 일곱 명을 조공으로 받아 그들을 괴물의 먹이로 미로 궁전에 집어넣었다. 아테네의 왕자 테세우스는 이러한 재앙으로부터 백성들을 구하고자 스스로 제물이 되겠다고 자원하여 희생자 무리에 끼어든다.

테세우스를 태운 배가 아테네로부터 크레타 섬에 도착했을 때 미노스 왕의 딸 아리아드네는 그에게 한눈에 반하여, 자기를 아내로 삼아 준다면 라비린토스에서 빠져나오는 방법을 알려주겠다고 테세우스에게 제안한다. 테세우스가 이를 승낙하자 아리아드네는 실몽당이를 테세우스에게 준다. 그러곤 그 실을 풀면서

미로 궁전에 들어갔다가 감으면서 나오라고 일러 준다. 테세우스
는 아리아드네로부터 받은 실뭉당이의 한쪽 끝을 입구에 묶어
놓고 미로 속으로 들어가 미노타우로스를 죽인 뒤, 풀어 놓은 실
을 따라 무사히 미로 궁전에서 빠져나올 수 있었다. 이 이야기에
서 '어려운 문제를 푸는 실마리'를 의미하는 '아리아드네의 실'이
라는 말이 나왔다.

　우리도 살다 보면 라비린토스 같은, 출구가 보이지 않는 미로
에 빠진 것 같을 때가 있다. 특히 십 대 시절은 학교생활, 친구나
부모님과의 관계, 입시, 진로, 무엇보다도 인간과 세상에 대한 궁
금증 등 여러 질문들로 이루어진 미로 속에 사는 것과 마찬가지의
시기이다. 어쩌면 여러분은 지금 이러한 미로 속에서 출구를 찾기
위해서 힘든 싸움을 하는, 즉 삶이라는 미로 속에서 '고전(苦戰)'하
는 시기를 통과하고 있는지도 모른다. 이런 질문들의 미로 속에서
길을 완전히 잃어버린 것처럼 느껴질 때 '아리아드네의 실'이 되
어 줄 수 있는 것이 바로 '고전(古典)'이다. 고전은 오랜 세월 동안
인간과 세상에 관한 질문의 미로에 빠졌던 수많은 사람들에게 실
마리를 제공했기 때문이다. 따라서 지금 '고전(苦戰)'하고 있는 여
러분도 '고전(古典)'이라는 '아리아드네의 실'을 따라가다 보면 삶
의 미로에서 하나의 실마리를 발견하게 될지도 모른다.

하지만 '누구나 읽었더라면 하고 원하면서도 실은 누구도 읽기를 싫어하는 책'이 고전이라는 말이 있을 정도로, 고전은 다가가기가 그리 만만치 않다. 고전은 인간과 세상에 대한 질문이라는 미로에 빠진 사람들을 출구로 이끌어 줄 '아리아드네의 실'이기도 하지만 동시에 읽기가 너무 어려워서 그 자체로 길을 잃기 쉬운 하나의 미로이기 때문이다. 그래서 이 책《고전하는 십 대의 이유 있는 고전》은 고전의 미로에서 길을 잃지 않도록 여러분에게 '아리아드네의 실'을 건네기 위해서 쓰였다. 이 책을 실마리로 해서 고전의 미로를 따라가다 보면 여러분은 길을 잃지 않고 마음속 질문에 대한 출구를 찾을 수 있을 것이다.

이 책은 고등학교《고전》교과서에 실린 고전 중에서 열여덟 작품을 골라 여섯 주제에 따라 각기 세 권씩 분류했다. 이 책이 다루고 있는 여섯 가지 주제는 보석처럼 빛나고 있는 각각의 고전들을 꿰는 실이라고 할 수 있다. 책이란 한 권씩 고립되어 존재하는 것이 아니라 다른 책과의 관계 속에서 존재하기 때문에, 이 책은 단순히 어떤 하나의 고전을 개별적으로 이해하기보다는 다른 고전들과의 관계 속에서 각각의 고전이 지닌 의미를 생각해 보기를 바라며 만들어졌다. 더 나아가 이 책을 실마리로 삼아 여러분 자신의 '이유 있는 고전'을 찾아보기를 바랐다. 모두가 고전들의 미로 속에서 출구를 찾는 것에 성공할 수 있을지는 알 수 없지만, 부디 여러분이 이 《고전하는 십 대의 이유 있는 고전》이라는 '아리아드네의 실'을 끝까지 놓지 않기를 바란다.

이 책은 비록 한 사람이 쓴 것으로 출판되지만 실제로 세 사람이 함께 쓴 책이다. 풀빛출판사 김재실 팀장님은 이 책의 기획부터 출판까지 세심하게 관심을 기울였을 뿐만 아니라 필자보다 더 많이 글을 보며 다듬어 주었다. 아내 김인선은 필자보다 훨씬 더 꼼꼼하게 원고를 읽고 좋은 우리말이 되도록 많이 수정해 주었다. 필자에게는 두 사람이 '아리아드네의 실'이었던 셈이다. 필자가 길을 잃지 않았던 것은 이 두 사람 덕분이다. 끝으로 스스로 이야기하는 멋진 일러스트를 그려 주신 신병근 선생님에게도 감사드린다.

2015년 늦가을에
이재환

차례

1장 ────────────────────

인간이란 무엇일까

● 셰익스피어 《햄릿》

● 카프카 《변신》

● 소로 《월든》

2장

역사란 무엇일까

3장

국가는 왜, 어떻게 만들어졌을까

William Shakespeare

Franz Kafka

Henry David Thoreau

Thomas Hobbes

John Locke

Jean Jacques Rousseau

孔子

韓非子

Niccolò Machiavelli

Edward Hallet Carr

金富軾

一然

Plato

孟子

Thomas More

Adam Smith

Karl Heimrich Marx

Friedrich August von Hayek

일러두기

1 이 책에 나오는 외국어 인명 및 지명, 작품명의 우리말 표기는
  국립국어원의 외래어 표기법에 따랐다.

2 원문 번역은 필자가 하였으며, 번역문 중에 나오는 [ ] 안의 내용은
  이해를 돕기 위해 필자가 추가한 것이다.

1장
인간이란 무엇일까

• 셰익스피어《햄릿》• 카프카《변신》• 소로《월든》

윌리엄 셰익스피어
William Shakespeare
1564~1616

프란츠 카프카
Franz Kafka
1883~1924

헨리 데이비드 소로
Henry David Thoreau
1817~1862

● 영국의 극작가.

셰익스피어의 생애에 대해서는 알려진 것이 많이 없다.
젊은 시절 영국 북부에서 배우로 일했다고 전해진다. 1599년에는 극단 동료들과
함께 신축한 글로브 극장의 공동 소유주가 되었다. 극작가로 활동한 초기에는
영국의 역사를 중심으로 한 역사극과 낭만적인 희극을 주로 썼다.
이후 《햄릿》을 비롯한 불후의 비극 작품들을 완성한다. 셰익스피어는 중세의 희곡에서 볼 수 있었던
평면적이고 진부한 인물 대신 햄릿과 같은 입체적이고 사실적인 인물을 창조하였다.
셰익스피어의 4대 비극 중 가장 널리 알려진 《햄릿》의 주인공 햄릿은
'고뇌하는 인간'을 대변하는 인물로서 오늘날에도 많은 문학 연구자들의 연구 대상이 되고 있다.

● 유대계 독일인 작가.

체코 프라하에서 태어났다. 대학 시절에 문학에 매우 관심이 많았지만
아버지의 영향으로 법학을 공부했다. 지배적이고 독선적인 아버지와의 갈등은
카프카의 문학 세계에 큰 영향을 끼쳤다. 졸업 후 국영 보험회사인 '노동자 산재보험 공사'에서
근무하면서 퇴근 후 필사적으로 글을 썼다. 인간 운명의 부조리, 인간 존재의 불안을 표현한
실존주의 문학의 선구자로 평가받는다. 카프카는 자신이 죽은 후 모든 작품을 불태우라고
유언을 남겼지만 친구가 사후에 출판하여 카프카의 작품이 문학사에 길이 남게 되었다.
《변신》은 삶의 막막함, 출구 없는 절망적 상황을 벌레로 변신한
주인공의 모습을 통해 표현한 실존주의 문학의 대표작이다.

● 미국의 사상가이자 문학가.

하버드대학을 졸업한 뒤 고향에서 교사가 되었지만 체벌에 반대해서 2주 만에 그만둔다.
소로는 사회문제에 관심이 많아 노예해방을 지지하는 강연을 하기도 했으며,
멕시코와의 전쟁을 반대하며 전쟁 준비를 위한 정부의 징세를 거부하여 투옥당하기도 했다.
이 시기 소로가 쓴 《시민불복종》(1849)은 간디나 킹 목사에게 영향을 준 시민불복종 운동의 고전이다.
《월든》은 소로가 월든 호숫가에서 통나무집을 짓고 2년 동안 생활한 경험을 바탕으로 쓴 에세이이다.
자연 속에서 자연의 일부가 되어 소박한 삶을 살기를 우리에게 권유하는 이 책은
미국 문학의 고전으로 널리 읽히고 있다.

우리가 문학작품을 읽는 목적 중의 하나는

문학을 통해서 세계와 인간을 이해할 수 있는

눈을 갖게 되는 것이다. 문학은 우리가 지금까지

경험하거나 생각할 수 없었던 사건이나 인물을 통해서

세계와 인간을 보는 시각을 넓혀 준다.

다시 말해서 문학을 통해 우리 생각의 스펙트럼이 넓어진다.

문학작품을 읽기 전에는 미처 생각지 못했던 것에 대해

상상할 수 있게 되고, 따라서 나와 다른 것,

익숙지 않은 것에 공감할 수 있게 되기 때문이다.

문학작품이 주는 감동이란

이러한 경험을 떠나서는 설명할 수 없다.

그러나 문학작품을 읽는 또 다른 중요한 목적이 있다.

작품 속의 사건이나 인물을 통해서 우리가 우리 자신과

삶에 대해 더 깊이 생각해 볼 수 있게 되는 것이다.

이것이 바로 문학작품이 가진 힘이다.

지금부터 살펴보게 될 《햄릿》, 《변신》, 《월든》도 마찬가지다.

이 작품들은 인간이라면 누구나 처하게 되는 현실을 보여 주고,

우리로 하여금 그 현실을 고민하고 그에 맞서게 만든다.

자, 이제부터 어떻게 이 작품들이

그토록 많은 사람을 매혹시켰는지 자세히 살펴보도록 하자.

햄릿

1
《햄릿》의 줄거리

주인공 햄릿은 덴마크의 왕자다. 햄릿의 삼촌인 클로디어스는 왕이 죽자 후계자로 왕이 되고 햄릿의 어머니인 거트루드와 결혼한다. 아버지의 죽음, 삼촌의 왕위 계승, 어머니와 삼촌의 결혼 등 일련의 사건으로 괴로운 나날을 보내고 있던 햄릿. 그에게 어느 날 아버지의 유령이 나타나 자신이 클로디어스에게 독살당했다는 사실을 폭로하고 햄릿에게 복수를 명령한다. 이후 햄릿은 미친 척하면서 아버지의 복수를 할 기회를 엿본다.

햄릿은 사건의 진실을 캐고 아버지의 복수를 위해 떠돌이 극단을 이용하기로 한다. 햄릿은 유령이 말한 내용을 연극으로 꾸며 클로디어스와 거트루드 앞에서 공연하게 하고 그들의 반응을 살핀다. 연극을 보던 왕은 당황하며 자신의 방으로 들어가 버리고 거트루드는 자초지종을 파악하기 위해 햄릿을 자신의 방으로 부른다. 이때 햄릿의 연인 오필리어의 아버지 폴로니어스는 왕비의 방에서 몰래 왕비와 햄릿의 대화를 엿듣고 있었다. 인기척을 느낀 햄릿은 클로디어스가 숨어 있다고 생각하고 폴로니어스를 칼로 찔러 죽인다.

오필리어는 아버지가 죽었다는 소식을 듣고 미쳐서 결국 물에 빠져 죽는다. 클로디어스는 오필리어의 오빠인 레어티스에게 아버지와 동생의 죽음이 햄릿 때문이라고 말하고 햄릿에게 복수할 기회를 준다. 레어티스와 햄릿은 검술시합을 벌이게 되고 레어티스는 칼 끝에 독을 묻힌 독검을 들고 시합에 나간다. 왕은 실패할 경우를 대비해 햄릿에게 마시게 할 독약을 탄 술을 준비한다.

시합이 시작되고 대결을 하던 중에 거트루드 왕비가 우연히 독주를 마시게 되고 결국 죽음을 맞게 된다. 햄릿과 레어티스 역시 우연히 바뀐 칼에 서로 찔려 둘 다 서서히 죽어 간다. 햄릿은 마지막 힘을 다해 자신이 들고 있던 독검으로 클로디어스를 찌르면서 끝내 복수를 완성한다.

2
비극

흔히 《햄릿》을 《리어 왕》, 《맥베스》, 《오셀로》와 함께 셰익스피어의 '4대 비극'이라고 부른다. 그런데 '비극(悲劇)'이란 무엇일까? 비극은 말 그대로 슬픈 내용을 담은 연극이다. 이때 슬픈 내용은 인간이 겪는 실패, 죽음, 고뇌, 불행 등을 말한다. 우리는 이런 슬픈 내용의 연극을 보면서 인생에는 항상 행복하고 기쁜 일들만 있는 것이 아니라 슬프고 고통스러운 일들도 많다는 것을 다시 한 번

되새기게 된다.

　그런데 어떤 면에서 《햄릿》이 비극일까? 우선 주인공 햄릿뿐만 아니라 햄릿의 주변 인물들 모두가 죽음을 맞이하면서 연극이 끝나기 때문에 비극이라고 할 수 있다. 하지만 그보다 중요한 것은 햄릿의 죽음을 통해서 셰익스피어가 강조하려는 것이 인간의 나약함, 불확실한 인간의 삶, 인간이라면 피할 수 없는 죽음이라는 점이다. 셰익스피어는 비극 《햄릿》 안에서 고통 받고 고뇌하는 인물들을 통해서 우리로 하여금 인간의 삶이라는 것이 무엇인지, 그리고 얼마나 복잡하게 얽혀 있는지를 생각하게 한다.

　《햄릿》의 인물들과 사건을 들여다보면 비극은 단지 '인생은 슬프다'라는 사실을 전달하는 것으로 그치지 않고 인생의 슬픔, 고통을 통해서 인식하지 못한 새로운 것들을 배우고 깨닫는 전 과정임을 알 수 있다. 《햄릿》이 400년 동안 많은 사람들에게 읽히고 생각거리와 감동을 준 이유가 있다면, 그것은 이 작품이 소설이라는 짧은 글 속에 다면적인 인간 내면과 삶의 복잡함을 담아내는 데 성공했기 때문일 것이다.

3
죽음을
기억하라

《햄릿》에는 이 희곡의 줄거리를 전혀 모르는 사람이라도 알고 있는 유명한 구절이 하나 있다. 바로 '사느냐 죽느냐, 그것이 문제로

다'이다. 여러분도 한 번쯤 들어 본 적이 있을 것이다.《햄릿》의 3막 1장에 나오는 이 구절은 햄릿의 괴로움을 극단적으로 드러낸다. 햄릿은 아버지가 어떻게 살해당했는지 알고도 복수를 감행하지 못하는 자신의 비겁함에 괴로워한다. 그리고 모든 것을 다 끝내 버렸으면 좋겠다는 생각에 도달한 햄릿은 그렇게 할 수 있는 유일한 방법인 죽음을 선택하려고 한다.

사느냐 죽느냐, 그것이 문제로다. 가혹한 운명의 화살과 돌팔 매질을 참고 견디는 것, 아니면 괴로움과 맞서 싸워 고통을 끝내는 것, 어느 쪽이 더 고귀한가? 죽는 것은 잠드는 것이다. 한번 잠이 들어 인간이 물려받은 마음의 괴로움과 수많은 육체의 고통을 끝낼 수 있다면, 그것이 간절히 바라는 삶의 결말이 아닌가?

여기서 햄릿은 자신이 겪고 있는 고통을 끝내기 위해 죽음을 선택하려고 하지만 그 결정 또한 쉽지가 않다. 위의 구절에 뒤이어 햄릿은 계속해서 다음과 같이 말한다.

죽는 것은 그저 잠자는 것. 잠자는 것은 어쩌면 꿈을 꾸는 것이다. 아, 그게 괴로운 일이다. 우리가 이 인간의 육체를 벗어던지고 죽음이라는 잠에 들어갈 때 어떤 꿈이 찾아올 것인지 생각하면 망설일 수밖에 없다. 그 걱정 때문에 괴로운 삶을 견디면서 이어 가는 것이겠지. 그렇지 않다면 세상의 채찍과 조롱을 견디며 압제자의 횡포와 교만한 자의 멸시, 버림받은 사랑의 아픔, 법의 태만, 관리들의 오만과 훌륭한 사람들을 형편없는 사람들이 모욕하는 것을 참

을 수 있겠는가? 단검 한 자루로 자신의 삶을 끝낼 수 있는데 누가
이런 무거운 짐을 지고 고단한 삶을 신음하며 진땀을 흘리며 살아
가겠는가?

여기서 햄릿은 인간이 왜 죽음을 외면하는지, 왜 오래 생명을
부지하기 위해서 현실의 고통을 참고 있는지에 대한 물음을 던진
다. 단검 한 자루로 스스로 목숨을 끊으면 현실의 모든 고통이 깨
끗하게 끝날 텐데, 다름 아닌 죽음에 대한 두려움 때문에 인간은
이 세상의 채찍과 멸시를 견딘다는 것이다.

하지만 여기서 햄릿은 자살을 찬양하는 것이 아니다. 햄릿 역
시 죽은 후에 무슨 일이 일어날지 모른다는 인간의 한계로 인해 두
려워하고 있으며 또 자신이 믿고 있는 기독교가 자살을 금지하고
있다는 것도 잘 알고 있다. 분명 햄릿은 고통스러운 현실 앞에서
죽음조차도 선택하지 못하는 나약한 인간의 모습을 우리에게 보
여 준다. 그러나 더 중요한 것은 이 장면에서 햄릿은 우리에게 '사
느냐 죽느냐', 즉 삶과 죽음의 문제에 대해서 이야기하고 있다는
것이다.

죽음은 인간이라면 누구나 피할 수 없는 문제이며 잠재적으
로 지니고 있는 비극이다. 죽음 앞에서 인간은 누구나 햄릿처럼
무력할 수밖에 없다. 그런데 인간은 죽음을 피할 수 없다는 사실,
그리고 죽음 앞에서 무력할 수밖에 없다는 사실 때문에 결국 우리
는 인간의 한계에 대해서 생각할 수 있게 되고 역설적으로 인간의
삶에 대해 더 깊이 생각해 보게 된다. 그러므로 '사느냐 죽느냐, 그
것이 문제로다'라는 이 유명한 문장은 삶과 죽음에 대해서 고민했

던 햄릿처럼 우리도 죽음을 기억하고 우리의 삶과 죽음에 대해서
다시 한 번 생각해 보라는 의미로 읽어도 좋을 것이다.

　《햄릿》5막 1장에서는 죽은 오필리어가 매장된 묘지로 햄릿
이 찾아가는 장면이 나온다. 오필리어가 묻힌 묘지 앞에서 햄릿은
다시 한 번 인간의 죽음에 대해서 생각하게 된다. 그러고는 이렇
게 말한다.

> 알렉산더는 죽었다. 알렉산더는 묻혔다. 알렉산더는 가루로
> 돌아갔다. 가루는 흙이고, 그 흙으로 회반죽을 만든다면, 그것으로
> 맥주통을 막을 수도 있을 것이다. 죽어 진흙으로 돌아간 시저 황제
> 도 바람을 막는 마개가 될 수 있다. 아, 세상을 두렵게 만들던 그 흙
> 덩어리 육체가 매서운 겨울바람을 막으려고 벽 구멍이나 때우다니.

　천하를 호령하던 알렉산더 대왕과 시저 황제도 죽고 나서는
한 줌 흙으로 변할 뿐이다. 결국 인간은 죽음과 싸워 이길 수도 그
렇다고 죽음으로부터 도망갈 수도 없는 존재이다. 그래서 햄릿은
이 죽음을 마주하면서 '사느냐 죽느냐'라는 물음을 던진다. 결국
이 질문은 죽을 수밖에 없는 존재인 인간이 어떻게 살아야 하는지
묻는 것이라고 할 수도 있다.《햄릿》은 이처럼 계속해서 우리에게
피할 수 없는 죽음에 대해서 생각하게 만든다. 죽음과 삶에 관한
물음은 우리의 삶이 공허하고 허무하다는 것을 상기시키는 동시
에 유한한 시간 속에서 우리가 어떻게 살아야만 하는가를 생각하
게 만든다.

4
삶의
불확실성

《햄릿》은 셰익스피어 4대 비극 가운데서도 사람들의 가장 많은 관심을 받은 작품이다. 특히 왜 햄릿이 아버지의 죽음에 대한 복수를 빠르게 실행하지 못하고 지체하는가에 대해서 많은 사람이 궁금증을 가졌다. 햄릿은 아버지를 죽인 삼촌 클로디어스에 대한 증오심에 불타면서도 막상 복수를 할 수 있는 기회가 왔을 때에도 실행에 옮기지 못한다. 3막 3장에서 클로디어스가 자신이 저지른 일에 대해서 심한 죄책감을 느껴 기도하는 장면을 목격하게 된 햄릿은 아버지의 복수를 할 수 있는 기회라고 생각하고 칼을 빼든다. 하지만 햄릿은 그 순간 갑자기 이렇게 말한다.

이제 나는 아버지의 복수를 쉽게 할 수 있겠구나. 저자는 지금 기도 중이다. 이제 복수를 하자. (칼을 집어넣으며) 나는 복수를 하지만 저자는 천국에 간다. 이 점을 잘 생각해 보아야 한다.

기도하고 있는 클로디어스를 죽이면 그가 죽어서 천국에 갈 것이라는 이유 때문에 햄릿은 자신이 그토록 기다리던 복수의 기회를 날려 버린다. 이 때문에 햄릿은 우유부단한 인물의 전형으로 받아들여지기도 한다. 그래서 햄릿처럼 행동은 하지 않은 채 주야장천 고민만 하는 사람을 '햄릿형 인간', 반대로 아무런 고민 없이 무조건 행동하고 보는 사람을 '돈키호테형 인간'이라고 구분하기도 한다.

그러면 한번 생각해 보자. 왜 햄릿은 이토록 우유부단하게 고민만 하게 되는 걸까? 햄릿의 삶에서는 모든 것이 불확실하기 때문이다. 먼저 햄릿이 만난 아버지 유령의 존재가 불확실하다. 아버지 유령은 햄릿에게 자신이 어떻게 죽었는지 이야기하고 복수를 명령한다. 물론 유령을 만나기 전부터 햄릿도 아버지의 죽음에 대해 의심하고 있었지만, 유령의 말이 진실인지 아닌지 햄릿이 확실히 알 수는 없다. 심지어 유령은 그 자체가 있다고 할 수도, 없다고 할 수도 없는 불확실한 존재이다. 두 번째로 햄릿을 둘러싸고 있는 인간관계가 불확실하다. 햄릿의 아버지를 죽인 삼촌 클로디어스는 형의 부인인 왕비 거트루드와 결혼하고 왕의 자리를 차지한다. 즉 햄릿의 삼촌이자 새아버지는 아버지의 원수이고, 어머니역시 아버지의 배신자인 것이다. 뿐만 아니라 햄릿이 사랑하는 여자인 오필리어와 햄릿의 가장 가까운 친구들조차 왕이 된 클로디어스를 따르고 있다.

이와 같이 햄릿이 마주한 유령이라는 존재의 불명확성과 햄릿을 둘러싼 인간관계의 불확실성은 보편적인 인간의 삶이 가진 불확실성을 상징적으로 보여 준다. 《햄릿》에서 나타나는 세계는 항상 '우리 편'이 '악당'을 물리치고 승리하는 허구의 세계가 아니라 모든 것이 뒤엉켜 있어서 진실과 거짓, 친구와 적을 가리기 힘든 현실의 세계이다. 이처럼 셰익스피어는 고민하고 망설이는 햄릿의 모습을 통해서 인간 일반이 처한 조건을 우리에게 제시한다. 햄릿과 마찬가지로 우리 역시 우리 삶의 불확실성 때문에 끊임없이 고민할 수밖에 없다.

이러한 불확실성은 《햄릿》의 작가 셰익스피어가 살았던 시대의 불확실성을 반영하고 있다고 할 수 있다. 셰익스피어가 살았던 엘리자베스 여왕 시대는 사회적으로 큰 변화가 일어나던 때였다. 사람들이 그동안 확실하다고 믿고 있었던 중세 가치관들이 신대륙 발견, 종교개혁, 지동설로 인해 갑자기 불확실해지게 되고 새로운 근대 가치관이 등장하게 된다. 그래서 사람들은 무엇이 진실인지, 무엇을 믿어야 하는지 끊임없이 고민할 수밖에 없었다. 이런 시대에 한편으로 햄릿은 고민만 하는 우유부단한 인간이라고 볼 수도 있지만 다른 한편으로는 자기 앞에 주어진 선택에 대해서 '생각하는 사람'이라고 볼 수도 있다.

셰익스피어는 《햄릿》에서 모든 것이 불확실한 삶 때문에 끊임없이 고뇌하고 고민하는 인간의 나약한 모습을 그려 보인다. 하지만 역설적으로 이런 인간의 나약함 때문에 스스로 생각하는 개인이 탄생했다고 할 수 있다. 그래서 2막 2장에서 햄릿은 이렇게 감탄하는 것이다.

인간이란 얼마나 멋진 작품인가!
이성은 얼마나 고귀하고 능력은 얼마나 무한한가!

변신

1
《변신》의
줄거리

《변신》의 주인공 '그레고르 잠자'는 어느 직물회사의 젊은 영업사원이다. 어느 날 아침 불안한 꿈에서 깨어난 그는 자신이 갑자기 한 마리 '흉측한 벌레'로 변해 있는 것을 발견한다. 갑옷처럼 딱딱한 등과 활처럼 부풀어 오른 갈색의 배, 그리고 수많은 다리를 가진 곤충으로 '변신'을 한 것이다.

출근시간이 지나도 기척이 없자 가족들은 그레고르의 방문을 두드린다. 그레고르가 다니는 회사의 지배인 역시 그레고르가 출장을 떠나지 않은 것을 알고 이유를 알아보기 위해서 집으로 찾아온다. 그레고르의 방문이 닫혀 있자 지배인은 그를 해고하겠다고 위협한다. 그레고르는 자신의 방 안에서 자신의 처지를 설명하려고 하지만 변해 버린 그의 목소리를 사람들은 알아들을 수 없었다.

결국 흉측한 벌레가 된 그레고르는 입으로 어렵게 문을 열지만 그의 모습을 본 지배인은 놀라서 도망친다. 그레고르를 발견한 가족들 역시 삼짝 놀라고 어머니는 그 자리에서 기절을 한다. 흉측한 벌레로 변한 그레고르를 본 가족들은 절망하게 된다. 그것은 가족들이 그레고르를 사랑하기 때문이기도 하지만, 5년 전 아버지가 갑자기 파산한 이후 그레고르가 가족의 생계는 물론이고 빚까지도 떠맡고 있었기 때문이다.

가족들은 처음에는 흉측한 벌레로 변한 그레고르를 참아 내고 돌보며 안락하게 해 주고자 노력한다. 누이동생은 공포를 느끼면서도 오빠에게 음식을 가져다준다. 하지만 시간이 지날수록 차츰 슬픔과 사랑은 사라지고 가족들은 그레고르를 귀찮아하기 시작한다. 하루는 그레고르가 방에서 거실로 나가자 화가 난 아버지가 그레고르에게 사과를 던져 그가 심한 상처를 입기도 한다.

더는 그레고르가 가족의 생계를 책임지지 못하게 되자 가족은 하숙인들을 받아들인다. 어느 날 저녁 그레고르는 누이동생이 연주하는 바이올린 소리에 이끌려 거실로 나가게 되고, 흉측한 벌레의 모습에 깜짝 놀란 하숙인들은 방을 빼겠다고 말한다. 누이동생은 이제 벌레를 오빠로 생각할 수 없다며 '저것' 때문에 못살겠으니 없앨 계획을 세워야 한다고 외치기에 이른다. 결국 그레고르는 가족들의 냉대와 증오 속에서 고독하게 죽는다. 하녀가 벌레의 시체를 치우고 가족은 행복한 기분으로 휴일에 소풍을 간다.

2
인간의
소외와 불안

원래 이유도 논리도 없는 것이
인간의 삶

카프카의 《변신》은 주인공 그레고르가 흉측한 벌레로 변신한 후부터 가족들의 냉대와 혐오 속에서 비참하게 죽을 때까지의 과정을 아주 상세하게, 그리고 담담하고 객관적으로 묘사하고 있다. 이러한 담담한 어조와는 대조적으로 《변신》의 시작은 매우 충격적이다.

> 그레고르 잠자는 어느 날 아침 꿈에서 깨어났을 때, 자신이 자는 동안 한 마리 흉측한 벌레로 변해 있음을 발견했다. 그는 갑옷 같은 딱딱한 등을 대고 누워 있었다. 고개를 약간 들자, 불룩한 갈색 배가 보였다. 이불은 배 위에 간신히 걸려 있어서 금방이라도 떨어질 것 같았다. 그의 다른 부분의 크기와 비교해 볼 때 초라할 정도로 가느다란 여러 개의 다리가 어찌해 볼 도리도 없이 버둥거리고 있었다.

이야기는 주인공이 이유도 모른 채 한 마리 흉측한 벌레로 변신해 버린 상태에서 시작된다. 그런데 카프카는 주인공 그레고르가 도대체 왜 흉측한 벌레로 변신했는지에 대해서는 아무런 설명도 하지 않는다. 《변신》은 일반적인 소설 작품처럼 이야기가 논리적이고 현실적으로 전개되는 것이 아니라 처음부터 이해할 수 없는 사건으로 시작된다. 카프카는 왜 이렇게 이해할 수 없는 장면으로 작품을 시작하는 걸까? 카프카는 《변신》을 통해서 우리가 살고 있는 이 세계와 우리 삶의 '이해할 수 없음'을 보여 주려고 하기 때문이다.

《변신》에서 목도하는 이러한 우리 삶의 '이해할 수 없음'을 흔히 '부조리(不條理)'라고 부른다. 부조리란 말 그대로 '조리에 맞지 않음' 즉 '비합리', '이성으로 이해할 수 없음'을 의미한다. 《변신》의 주인공 그레고르뿐 아니라 카프카의 작품에는 유난히 사람이 동물이 되거나 동물이 사람이 되는 경우가 많은데, 카프카는 이런 이해할 수 없는 형식, 즉 부조리한 형식을 통해서 인간 삶의 '이해할 수 없음'을 드러낸다. 그렇지만 우리가 우리 삶을 이해하지 못한다고 할 때, 우리 삶에는 분명히 어떤 의미가 존재하는데 우리 능력이 부족해서 이해할 수 없다는 의미는 아니다. 카프카는 《변신》에서 아무런 이유도 없이 흉측한 벌레로 변한 그레고르의 모습을 통해 인간의 삶이란 어쩌면 처음부터 아무런 의미도 없는 것일지 모른다고 이야기한다.

하지만 인간의 삶이 이렇게 이해할 수 없는 것임을 드러내는 것이 카프카의 작품이 가진 의미의 전부는 아니다. 카프카는 문학 작품을 통해 인간이 자기의 삶에 대해서 질문할 수 있는 유일한 존재라는 것 또한 보여 준다. 왜냐하면 인간 외에는 어떤 존재도 '왜 우리 삶은 이렇게 이해할 수 없는 일들로 가득 찬 것일까?' 하고 묻지 않기 때문이다. 인간만이 자신의 존재 의미를 묻는 유일한 존재자라고 할 수 있다.

살기 위해 일하는가, 일하기 위해 사는가

직물회사 영업사원인 그레고르는 출장이 잦은 직장인으로, 회사일 외에는 아무것도 생각하지 않는 인물이다. 그래서 그레고르는 늘 일에 쫓겨 사는 자신의 삶에 만족하지 못한다. 그는 이렇게 말한다.

> 나는 이 무슨 고단한 직업을 택했단 말인가! 매일같이 출장이라니. 집에다 상품을 전시해 놓고 자기 가게를 하는 것보다 직업적인 긴장도 훨씬 더 크고 게다가 여행의 고달픔까지 덧붙여진다. 기차를 환승하는 것에 대한 걱정, 불규칙적이고도 질 낮은 식사, 만나는 사람이 자꾸 바뀌기 때문에 오래가지도 정도 들지 않는 인간관계 등. 악마가 와서 다 쓸어버렸으면 좋겠어!

그레고르는 매일같이 출장을 가야 하는 자신의 직업이 마음에 들지 않는다. 자신의 일 때문에 자신의 삶 자체가 더 나빠지고 있는 것이다. 식사도 마음대로 하지 못하고, 자기 자신을 위해서 시간을 쓰는 생활은 꿈도 꾸지 못한다. 한마디로 자기 자신보다 일이 우선인 삶을 살고 있다. 그레고르는 흔히 '인간 소외'라고 하는, 자기 자신의 삶을 위해서 일하는 것이 아니라 일이 우선이 되어 버린 이러한 현상을 겪고 있다. 어쩌면 여러분도 '내 삶을 위해 공부를 하는 건지 공부를 위해 내가 살고 있는 건지 헷갈릴 때가 있을지 모른다. 카프카는 《변신》을 통해서 이러한 인간 소외 현상을 보여 주고자 한다.

그레고르가 출장을 가지 않은 사실을 알고 회사의 지배인이 그레고르의 집으로 찾아온다. 부모님은 그레고르가 몸이 아파서 출장을 가지 못했다고 둘러대지만 지배인은 단호히 이렇게 말한다. "몸이 좀 아픈 것쯤은 장사에 대한 열정으로 극복할 수 있어야지요." 이처럼 카프카의 《변신》은 인간이 자신의 고유한 존재로서 평가되는 것이 아니라 하나의 상품처럼 평가되고 일의 노예가 된 인간의 삶을 우리 앞에 펼쳐 놓는다.

책상 위에는 언제나 옷감 견본이 펼쳐져 있던 그레고르의 방 역시 일이 우선이 되어 버린 인간의 삶을 상징한다. 흉측한 벌레가 되기 전 그레고르의 방은 편안히 휴식을 취할 수 있는 장소가 아니라 마치 일터가 연장된 것과 같은 공간이었다. 그레고르는 자신의 방에서 매일같이 출장을 가기 위해 열차 시간을 점검했었다. 흉측한 벌레가 되어서야 비로소 그레고르는 그동안 자신의 방이 전혀 편안하지 않았다는 것을 깨닫는다.

그레고르가 넓적하게 바닥에 누워 있을 수밖에 없는 방의 높은 천장과 텅 빈 방은 이미 5년 전부터 살아온 방이었지만 왠지 모르게 그를 불안하게 했다. 그 방에서 밤을 보내면서 그레고르는 선잠에 들기도 하고 또 걱정과 분명하지 않은 어떤 희망을 가지기도 하였다.

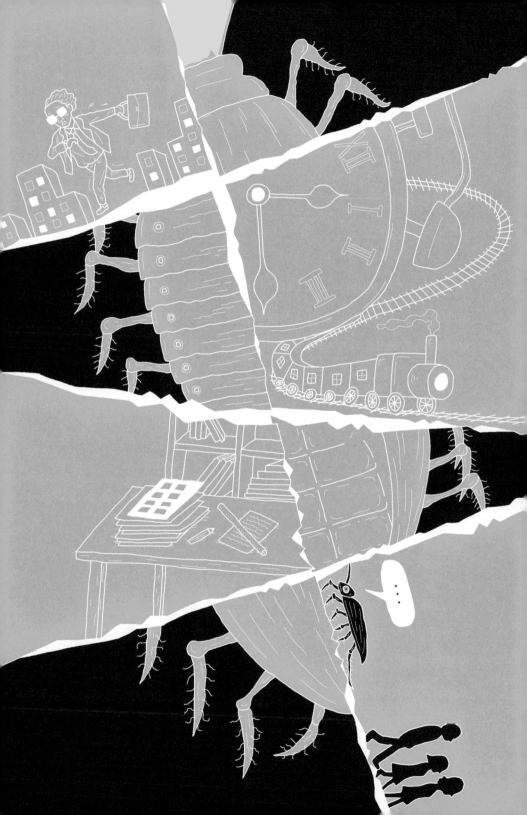

벌레가 되어서야 그레고르는 그동안 일에 쫓겨서 살아온 자기 삶의 불안함을 깨닫게 되는 것이다. 이렇게 인간 존재가 품은 삶의 불안을 카프카는 주인공이 겪는 일련의 부조리한 사건을 통해 녹여 내고 있다.

삶에서 소외된
불안한 인간의 모습

《변신》에서 그레고르가 자신의 일과 시간에 소외되어 있는 불안한 인간의 모습을 상징하고 있다는 것을 보여 주는 것이 하나 더 있다. 바로 그레고르의 방 안에서 끊임없이 재깍거리는 탁상시계이다.

> 그레고르는 책상 위에서 재깍거리고 있는 자명종 시계를 보았다. '맙소사!' 6시 30분이었다. 시곗바늘은 점점 앞으로 가서 6시 30분을 지나 벌써 45분이 되어 가고 있었다. 자명종이 울지 않았나? 이제 무엇을 해야 할까? 다음 기차는 7시에 있으니 그 시간을 맞추려면 미친 듯이 서둘러야 할 텐데 견본도 아직 꾸리지 못했다.

그레고르는 흉측한 벌레로 변해 버린 이 와중에도 출장을 가지 못한 것을 걱정하면서 다음 기차 시간에 맞추지 못할까 초조해하고 불안해한다. 시간은 인간 개개인의 기분과 상황과 무관하게 흐르고 인간은 자신의 기분과 상황에 무관하게 흐르는 시간에 맞추어야 하는 신세이다. 이렇게 그레고르가 느끼는 초조함과 불안을 묘사하면서 카프카는 현대사회에서 시간에 예속된 채 살아가는 인간 존재의 현실적 상황을 간접적으로 드러낸다.

3
가족, 그리고 인간의
근원적 고독

가족이 진정
가족일까

그렇다면 그레고르는 자신을 소외시키고 불안하게 만드는 일을 그만두면 되지 않을까? 그래서 그레고르는 이런 생각도 한다.

> 부모님 때문에 지금까지 참고 있었지만 그렇지 않았더라면 나는 오래전에 사표를 냈을 것이다. 사장 앞으로 걸어가 내가 생각하고 있던 것, 내가 느끼고 있던 것을 다 털어놓았을 것이다. 아마 사장은 책상에서 놀라 자빠지겠지! 물론 여전히 희망은 있다. 내가 돈을 모아 부모님이 사장에게 진 빚을 갚으면, 물론 아직 5~6년은 더 걸리겠지만, 내 인생에 큰 변화가 일어날 것이다.

그레고르도 일을 그만두고 싶지만 경제적 이유 때문에 그럴 수 없다. 5년 전 아버지가 사장에게 진 빚을 그가 대신 갚고 있으며 일을 하면서 그가 온 가족을 부양하고 있기 때문이다. 한편으로는 그레고르 자신도 자신의 희생을 통해서 가족에게 경제적 도움을 주고 있는 것에 대해서 자부심과 행복을 느끼고 있다. "부모님과 여동생에게 이렇게 좋은 집에서 이 정도 생활을 할 수 있도록 만들어 주는 사람이 자기 자신이라고 생각하니 자부심이 느껴졌다. 하지만 이제 이 모든 편안함, 행복, 만족감이 끔찍스럽게 끝이 나면 어떡하지?"라며 그레고르는 흉측한 벌레가 된 상황에서도 가족을 생각한다. 이처럼 그레고르는 자신의 삶보다 가족을 우선시했다.

하지만 그레고르가 흉측한 벌레로 변하자 가족들이 그를 가족의 일원으로서 진정으로 사랑하기보다는 그들의 생계를 책임지는 사람 정도로만 생각하고 있었다는 것이 드러난다. 가족들은 처음에는 벌레로 변한 그레고르를 돌보지만 시간이 지날수록 그에게 인간적인 말 한마디 건네지 않는다. 그동안 그레고르는 가족을 위해서 자신의 삶을 희생했지만 가족은 그를 자신들의 생계를 책임지는 도구로서 이용한 것이다. 카프카는 《변신》에서 가족마저 도구적으로 이용하는 현대사회의 모습을 고발하고 싶었던 것은 아닐까.

사실 가족이란 우리가 어떤 사람이든, 어떤 상황에 있든, 내 편이 되어 주는 사람들이라고 우리는 믿고 살아간다. 우리 부모님은 내가 공부를 잘하지 못해도, 운동을 잘하지 못해도, 게을러도, 좋은 대학에 못 가도, 단지 내가 아들이고 딸이라는 이유만으로 나를 사랑해 주는 사람들이다. 하지만 카프카는 《변신》에서 이런 우리들의 생각에 의문을 던진다. 인간은 어쩌면 가족들에게도 소외된 철저하게 고독한 존재일지 모른다는 의심 말이다. 물론 우리 부모님이나 가족들이 원래 나쁜 사람이라는 것이 아니라 인간은 원래 고독하고 소외된 존재라는 사실을 카프카는 보여 주고 싶었던 것이다. 사실 카프카는 체코에서 태어나 독일어를 쓰는 유대인이었기 때문에 체코인도 독일인도 유대인도 아닌 그 어느 곳에도 속하지 못하는 고독한 이방인이었다. 어쩌면 그러한 개인적인 고독과 소외의 경험이 이 작품 속에도 투영되었을 것이다.

가장 믿고 사랑했던 이에게 받는 소외

변신 후 가족들에게 소외되어 자신의 방에 격리당한 채 살아가던 어느 날 그레고르는 아버지가 던진 사과에 맞아 등에 큰 상처를 입는다. 그레고르에게 미안한 생각이 들었는지 그 이후로 아버지는 저녁마다 잠깐씩 그레고르의 방문을 조금 열어 준다. 하지만 가족들이 있는 거실에서는 그레고르가 보이지 않게 방의 불은 꺼둔다. 그레고르는 이렇게 열린 문의 틈새로 가족들을 보고 그들의 대화를 듣기도 하지만 그럴수록 그레고르의 고독은 더 심해져만 간다. 물론 그레고르가 겪는 고독은 가족들하고조차 소통할 수 없는 인간의 근원적인 고독을 나타낸다고 할 수 있다.

　그레고르가 가족들 중에서 가장 사랑한 사람은 여동생이다. 그레고르는 집안 형편이 어렵지만 음악을 사랑하고 바이올린을 켤 줄 아는 여동생을 음악학교에 보낼 생각도 했을 정도로 여동생을 아꼈다. 여동생 역시 그레고르가 흉측한 벌레로 변한 뒤에도 먹을 것을 가져다주고 방청소도 해 준다. 그런데 시간이 흐르면서 점점 여동생의 태도도 변해 간다. 그레고르가 돈을 벌지 못하자 직장생활을 시작한 여동생은 직장일이 힘들어지면서 그레고르를 돌보는 것을 귀찮아하고 심지어 지긋지긋해하기 시작한다.

아침과 점심 때, 그레고르에게 어떤 음식을 주어야 할지 이제는 더 깊이 생각해 보지 않고 여동생은 발로 아무 음식이든지 급하게 그레고르의 방 안으로 밀어 넣고 일하러 갔다. 저녁에는 그레고르가 음식을 먹었는지 아니면 손도 대지 않았는지에 대해서는 관심을 가지지 않고 빗자루로 음식을 획 쓸어냈다.

이렇게 자신이 가장 사랑한 여동생에게조차 소외되자 충격을 받은 그레고르는 이제 음식을 거의 입에 대지 않게 된다.

4
인간 존재와 죽음

어느 날 그레고르는 여동생이 저녁식사 후에 하숙인들을 위해 바이올린을 연주하고 있을 때 음악에 이끌려 거실로 나간다. 흉측한 벌레의 출현에 놀란 하숙인들은 방을 빼겠다고 말한다. 그러자 누이동생은 더는 참지 못하고 이렇게 이야기한다.

이렇게 계속 지낼 수는 없어요. 이런 괴물에게 내 오빠의 이름을 부르고 싶지 않아요. 제가 말씀드리고 싶은 단 하나는 우리가 저 것에서 벗어나야 한다는 거예요. 우리는 저것을 돌보고 또 저것을 견디기 위해서 인간이 할 수 있는 모든 일을 했어요. 우리를 조금이 라도 비난할 사람은 아무도 없을 거예요. 저것이 부모님을 죽일 거 예요. 우리 모두가 이렇게 힘들게 일을 해야만 하는데, 집에서 끝없 는 고통을 감당할 수는 없어요.

그레고르는 자기가 사랑하는 여동생에게마저 이제 오빠가 아니라 '저것', 가족들의 생존을 위협하는 '괴물', '끝없는 고통'이 되어 버렸다. 이 이야기를 들은 날 밤 그레고르는 자신이 죽어 없 어져야 할 존재임을 받아들이고 조용히 숨을 거둔다. 그런데 그의 죽음이 아주 평화롭게 묘사되어 있다.

'이제 어쩐다?' 생각하면서 그레고르는 어둠 속을 둘러보았다. 그는 곧 자기가 더는 움직일 수 없다는 사실을 발견했다. 그것이 전 혀 놀랍지는 않았다. 오히려 이상한 것은 지금까지 이 가늘고 약한 다리를 가지고 돌아다닐 수 있었다는 사실이다. 그레고르는 비교 적 편안했다. 온몸이 아프기는 했으나 고통이 점점 약해지다가 마 침내 완전히 없어져 버리는 것 같았다. 그는 자신의 가족을 감동과 사랑으로 돌이켜 생각해 보았다. 그렇게 할 수만 있다면 자기가 사 라져 버려야 한다는 생각은 누이동생의 생각보다 훨씬 더 강했다. 그는 시계탑이 새벽 3시를 치는 것을 들었다. 그때 그의 머리가 자 기도 모르게 힘없이 완전히 떨어졌고 그의 마지막 숨이 콧구멍에 서 약하게 흘러나왔다.

이처럼 힘없이 죽어 가는 그레고르의 마지막 모습은, 이해할 수 없는 부조리한 삶의 상황을 벗어날 어떠한 탈출구도 인간에게 없음을 단적으로 보여 준다. 인간은 인간인 이상 고독하고 소외되어 있으며 그렇기 때문에 불안하다. 어떻게 이런 상황을 벗어날 수 있을까? 카프카의 대답은 우리는 이런 상황에서 벗어날 수 없다는 것이다. 왜냐하면 그것이 바로 인간이 가진 삶의 조건이기 때문이다. 카프카는 《변신》에서 흉측한 벌레로 변신한 충격적인 그레고르의 이야기를 담담한 어조로 묘사하면서 우리로 하여금 인간의 우울한 삶의 조건에 대해서 객관적으로 들려주고 있다.

월든

1
《월든》의 시작

‘월든’은 미국 매사추세츠 주 콩코드 시(市)에 있는 호수의 이름이다. 원래의 책제목 ‘월든, 또는 숲 속의 생활’에서도 알 수 있는 것처럼 《월든》은 헨리 데이비드 소로가 1845년 봄 월든 호숫가의 숲 속에 들어가 손수 통나무집을 짓고 2년 2개월 동안 생활한 기록을 남긴 수필이다.

이 책을 쓸 때 나는 매사추세츠 주의 콩코드 시에 있는 월든 호숫가 숲 속에 직접 집을 짓고 혼자 살았다. 그 숲은 가까운 이웃과도 1마일쯤 떨어진 곳이었다. 그곳에서 나는 오직 나의 노동으로만 생계를 유지하며 생활했다. ─1장 ‘경제학’

언뜻 보기에는 《월든》이 《로빈슨 크루소》에 나오는 이야기처럼 외딴곳에서 홀로 살아가는 사람이 자연과 힘겹게 싸우며 사는 삶을 기록한 일종의 생존기나 모험담 같다. 물론 소로가 월든 호숫가에서 은둔자처럼 생활하기는 했다. 꼭 필요한 물건을 사기 위해서 가끔씩 시내에 나가거나 또 찾아오는 사냥꾼이나 낚시꾼을 가끔씩 만나는 일 이외에는 사람들을 거의 만나지도 않았다. 오전에는 농사를 짓고, 오후에는 낚시를 하고, 저녁에는 독서와 명상을 하는 삶을 살았다.

하지만 소로가 《월든》에서 하고 싶었던 이야기는 자연과 투쟁하면서 사는 힘겨운 삶의 기록이 아니라 문명을 벗어나 자연 속에서 소박하게 사는 인간의 삶에 대한 찬사이다. 소로는 이 책에서 문명사회의 온갖 편리함을 버리고 월든 호숫가의 숲 속에 들어가 자급자족하는 생활을 하면서, 계절에 따라 변화하는 호수와 숲의 모습과 그 안에서 살고 있는 온갖 동식물의 모습을 생생한 필치로 그려 낸다. 즉 소로는 직접 월든 호숫가 숲 속에서 자연 속에서 소박하게 사는 삶을 실험하고 우리에게도 그런 삶을 권유한다. 그런데 왜 소로는 그런 삶을 살기로 결정한 것일까?

나는 삶을 내가 원하는 대로 살아 보기 위해서, 즉 삶의 본질적인 사실들과 만나기 위해서 숲으로 들어갔다. 삶의 가르침을 내가 배울 수 있는지 알아보기 위해서, 그리고 내가 죽음을 맞이할 때 내가 제대로 살지 않았다는 사실을 깨닫는 일이 없도록 말이다. 나는 진정한 삶이 아닌 것은 살고 싶지 않았다. 왜냐하면 삶은 아주 소중한 것이기 때문이다. —2장 '나는 어디에 살았으며 무엇을 위해 살았는가'

소로는 하버드대학을 졸업한 후 콩코드 시에 있는 한 학교에서 잠시 교사 생활을 한다. 그런데 학생들을 체벌해야 하는 학교의 현실을 견딜 수 없어 2주 만에 포기한다. 이후 형과 함께 직접 학교를 만들어 학생들을 가르치기도 했지만 형의 건강 문제로 그만두게 된다. 그리고 몇 년 후 소로는 '삶의 본질적인 사실만을 보기 위해서' 월든 호숫가의 숲으로 들어간다. 물론 월든 호숫가의 삶에서 자연과 함께한 소로의 삶이 문명사회로부터의 고립이나 도피는 아니다. 소로는 월든 호숫가 숲에서 지내는 2년 동안 스스로를 자연의 일부로 여기고 자연에서 많은 것을 배운다.

이처럼 《월든》은 가능한 한 인위적이고 불필요한 것들을 모두 버리고 자연과 교감하며 살고자 했던 체험의 이야기라고 할 수 있다. 소로는 자연과 교감하면서 소박하게 사는 삶이야말로 현대 문명의 풍요 속에서도 인간이 느끼게 되는 소외와 고독을 해결해 줄 수 있을 것이라고 생각한다. 바로 앞에서 살펴본 카프카의 《변신》이 인간의 고독과 소외, 근원적인 불안을 다룬 어두운 작품이 었다면 소로의 《월든》은 그러한 인간의 고독과 소외, 근원적인 불안을 치유하는 방법을 제시한다.

2
소박한
삶

소로가 월든 숲 속에 지었던 오두막집은 가로 3미터, 세로 4.5미터 정도의 크기였다. 요즘 식으로 말하자면 4평 남짓의 원룸이라고 할 수 있다. 그 안에 가구라고는 직접 만든 침대 하나, 책상 하나, 손님을 위한 의자 세 개, 도자기 램프 하나, 그리고 몇 가지 가재도구가 살림의 전부였다고 한다. 이렇듯 단출한 소로의 오두막 집의 모습은 그가 강조한 소박한 삶의 단면이다. 소로는 《월든》에서 독자에게 계속해서 소박하고 간소한 삶을 살기를 권유한다.

간소하게, 간소하게, 간소하게 살라! 제발 바라건대 그대의 일을 두 가지나 세 가지로 줄이고, 백 가지나 천 가지가 되도록 하지 말라. 백만 대신에 여섯까지만 셀 것이며, 계산은 엄지손톱에 할 수 있도록 하라. — 2장 '나는 어디에 살았으며 무엇을 위해 살았는가'

인간이 자기 삶에서 결핍을 느끼고 돈이나 욕망의 노예가 되는 이유는 자기가 가지고 있는 것에 만족하지 못하기 때문이다. 우리는 이미 가지고 있는 것에 만족하지 못하고 그래서 스스로를 불행하게 만든다. 나보다 더 많이 가지고 있는 사람을 부러워하고 남들보다 더 많이 가지기 위해서 스스로 일의 노예가 되기도 한다.

그러나 우리 삶을 잘 살펴보면 사실 우리에게 정말 필요한 것들은 아주 적다. 그래서 소로는 이렇게 말한다. "대부분의 사치품들과 생활을 편리하게 해 주는 것 중에서 많은 것들은 없어서는 안 되는 것이 아니다. 오히려 이런 것들은 인간성을 고양시키는 데에 방해가 된다. 가장 현명한 사람들은 가난한 사람들보다도 더 소박하고 결핍된 생활을 해 왔다." 소로가 보기에는 사람들은 더 좋은 집, 더 많은 돈, 더 좋은 옷, 더 기름진 음식에 대한 욕망의 노예였고, 그래서 그 욕망을 충족시키기 위해서 더 많은 돈을 벌기 위한 일의 노예가 되었다. 소로는 우리가 소박한 삶을 산다면 자

유인의 삶을 얻을 수 있다고 말한다.

하지만 이렇게 사는 자유인의 삶을 아무것도 노력하지 않고 그냥 빈둥빈둥 시간만 보내는 것으로 오해하지 않기를 바란다. 소로가 추구하는 삶이란 없어도 되는 것임에도 불구하고 포기하지 못하고 평생을 그것에 매달리는 것이 아닌 자기 자신에게 충실한 그런 삶이다. 소로가 월든 호숫가로 직접 들어간 삶의 기록인《월든》은 스스로의 노력으로 노예의 삶을 살지 않겠다는 생각의 증명이었다.

물론 요즘같이 현대화된 시대에 소로가 그랬던 것처럼 모두 산속으로 들어가 오두막집을 짓고 살 수는 없다. 더욱이 소로가 그런 집에서 평생을 살았던 것도 아니고 2년 정도 살았을 뿐이다. 하지만 이 책이 현대 한국사회에 주는 교훈은 귀담아 들을 필요가 있다. 요즘 한국에서는 많은 사람들이 집 한 채를 사기 위해서 수십 년을 뼈 빠지게 일해서 저축하고 그것도 부족하면 은행에서 돈을 빌린다. 그러면 이 빚을 갚기 위해서 또 뼈 빠지게 수십 년을 일해야 한다. 그러나 어쩌면 우리는 필요 이상의 공간을 차지하기 위해서 혹은 남들이 사는 정도로 나도 살아야 한다는 생각에 우리 인생을 낭비하고 있는지 모른다. 그래서 소로는 우리에게 이런 이야기를 들려준다.

대부분의 사람들은 주택이 무엇인지를 단 한 번도 생각해 보지 않은 것 같다. 사람들은 이웃 사람들이 가지고 있는 정도의 집은 나도 가져야겠다고 생각하기 때문에 그럴 필요가 없음에도 불구하고 평생 가난하게 살아간다. 이것은 마치 재단사가 만들어 주는 외

투라면 얼마나 비싸든 즐겁게 받아 입거나, 나뭇잎이나 동물 가죽으로 만든 모자를 벗어 버리고는 자신이 왕관을 살 형편이 되지 못한다면서 생활고를 한탄하는 것과 무엇이 다른가. ─1장 '경제'

집은 우리의 삶에 꼭 필요한 요소이지만, 단지 남보다 더 좋은 집을 장만하기 위해 쏟아붓는 엄청난 노력과 시간을 오히려 그 집에서 살아가는 우리 삶을 위해 사용한다면 더 행복해질 것이다. 《월든》은 우리가 원하는 행복한 삶은 더 넓고 화려한 집이나 더 풍족한 생활이 아니라 더 소박한 생활에서 출발한다고 말한다. 소로는 이런 소박한 삶이 "인생의 가장 좋은 젊은 시절을 돈을 버는 데 소비하는 것"보다 훨씬 바람직하다고 이야기한다.

3
최소한의
노동

《월든》은 단순히 소로의 낭만적인 자연생활만을 기록한 것이 아니라 숲 속에 사는 동안 번 돈과 쓴 돈을 꼼꼼하게 기록한 실용적인 책이기도 하다. 가령, 소로는 오두막집을 짓기 위해서 '28달러 12.5센트'를 지출했는데, '판자 8달러 3.5센트, 못 3달러 90센트, 창문 2개 2달러 43센트…' 등 재료비를 꼼꼼하게 기록해 놓았다. 그 결과 소로는 1년에 약 6주만 일하면 그가 필요한 생활비 전부를 미련할 수 있다는 것을 경험했다. 그리고 남는 시간을 독서와 사색에 자유롭게 사용할 수 있었다. 이와 같이 소로가 권유하는 소박한 삶을 살 때 우리는 많은 돈이 필요하지 않다. 그래서 소로는 우리에게도 필요 이상의 노동으로 인생을 낭비하지 말라고 권유한다.

> 왜 우리들은 그렇게 쫓기듯이 인생을 낭비하면서 살아야 하는가? 우리는 배가 고프기도 전에 굶을 각오를 하고 있는 것 같다. 사람들은 제때의 한 바늘이 나중의 아홉 바늘의 수고를 덜어 준다고 하면서, 내일의 아홉 바늘의 수고를 덜기 위해 오늘 천 바늘을 꿰매고 있다. 일에 관해서 말하자면, 우리는 아무런 중요한 일도 하지 않고 있다. 단지 우리는 몸이 제멋대로 움직이는 병에 걸려 움직이지 않고는 가만히 있을 수 없는 것뿐이다.
>
> — 2장 '나는 어디에 살았으며 무엇을 위해 살았는가'

우리는 언젠가 누릴 행복을 위해서 지금의 행복을 희생하며 살고 있는지도 모른다. 우리는 필요한 것보다 더 많이 일함으로써 받지 않아도 될 스트레스를 받거나 얻지 않아도 될 병을 얻기도 한다. 또 불필요하게 더 많이 하고 있는 그 일을 핑계로 지금 우리가 누릴 수 있는 자유를 누리지 않는다. 우리는 늙고 병들 때를 대비하여 쉬지 않고 일을 하지만, 결국 우리는 그 일 때문에 병에 들고 만다.

> 여러분은 병들 때를 대비하여 돈을 비축해 놓으려고 한다. 그 돈을 넣어 둘 곳이 낡은 장롱이든, 기둥 뒤에 숨겨 둔 양말 속이든,

또는 보다 안전하게 벽돌로 지은 은행이든 상관없다. 돈의 액수도 상관없다. 그러나 미래를 대비하는 행위가 오히려 여러분을 병들게 만든다. —1장 '경제'

그렇다고 소로가 노동의 가치를 폄하하는 것은 결코 아니다. 소로 역시 생존을 위해 노동은 필수적이며 또 노동 그 자체가 우리에게 행복을 주기도 한다고 말한다. 소로는 월든 호숫가의 오두막집에서 사는 동안 자기 손으로 직접 농사를 지어서 생활하였다. 다만 소로가 경계하는 것은 필요한 것보다 더 많은 돈을 벌기 위해서 필요 이상의 일을 함으로써 삶을 낭비하는 것이다.

비교적 자유로운 이 나라에서도 대부분의 사람은 삶에서 쓸데없는 근심과 불필요한 노동에 온통 마음을 빼앗겨 인생의 더 좋은 열매를 따지 못하고 있다. —1장 '경제'

4
인간은
자연의 일부

《월든》에서 빼놓을 수 없는 것이 자연의 아름다움과 중요성이다. 자연은 우리 삶을 더 풍요롭게 하고 우리를 더 성숙하게 한다. 소로는 이렇게 이야기한다.

숲에서 살았던 내 삶의 실험을 통해 적어도 다음과 같은 것을 배웠다. 우리가 꿈꾸는 방향으로 자신 있게 나아가며 상상해 왔던 삶을 살려고 노력하면 평범한 삶을 살 때는 예상하지 못했던 성공을 만나게 될 것이다. 그때 우리는 과거를 뒤로하고 눈에 보이지 않는 경계를 넘을 수 있게 된다. ─ 18장 '맺는말'

소로는 자연 속에서 살면서 '성공'을 만나게 되었다고 말한다. 물론 이때 소로가 말하는 성공은 남보다 더 좋은 대학에 가는 것, 남보다 더 좋은 직장을 갖는 것, 남보다 더 많이 가지는 것이 아니라 자연의 일부로서 인간이라는 존재를 발견하는 것이다. 우리는 인간이 자연의 일부라는 사실을 잊어버리고 자연을 지배의 대상으로, 인간에게 이윤을 가져다주는 착취의 대상으로 본다. 소로는 《월든》에서 이러한 생각을 비판하고 있는데, 그와 같은 입장을 일반적으로 '생태주의'라고 말한다. 생태주의란 인간은 자연의 일부이기 때문에 자연과 인간은 서로 유기적으로 연결되어 있고 따라서 자연과 인간은 서로 조화를 이루어야 한다는 생각이다.

상쾌한 저녁이다. 이런 때는 온몸이 하나의 감각이 되어 모든 땀구멍으로 기쁨을 들이마신다. 나는 자연 속에서 자연의 일부가 되어 묘한 자유를 느끼며 돌아다닌다. 구름이 끼고 바람이 불어 쌀쌀하지만 반팔 셔츠만 입고 돌이 많은 호숫가를 거닐어 본다. 특별히 나의 시선을 끄는 것은 없으나 모든 것들이 유난히 내 마음을 흡족하게 한다. ─ 5장 '고독'

자연 속에서 우리가 자연의 일부라는 것을 인정하고 살아갈 때 우리는 자본주의나 물질문명의 욕심을 넘어설 수 있게 된다. 하루는 소로가 콩밭을 매려고 했는데 비가 와서 나가지 못한 적이 있었다. 비가 오면 심어 놓았던 씨앗이 썩어서 농사를 망칠 수도 있다. 그런데 소로는 이렇게 말한다.

> 나는 가장 달콤하고 부드러우며, 가장 순수하고 용기를 북돋 아 주는 사회는 자연 속에서 찾을 수 있다는 사실을 경험했다. 내가 사계절을 벗 삼아 우정을 즐기는 동안에는 그 어떤 것도 삶을 짐스 러운 것으로 만들지 못할 것이다. 오늘 내 콩밭을 적시면서 한편으 로 나를 집에 붙잡아 둔 저 비는 쓸쓸하고 울적한 것이 아니라 나에 게도 좋은 것이다. 비 때문에 콩밭을 매지 못하지만, 비는 밭을 매 는 것보다 훨씬 더 가치가 있다. 비가 계속 내려 땅속의 종자들이 썩고 낮은 지대의 감자를 망치더라도 높은 지대에 있는 풀에게는 좋은 것이다. 풀에게 좋으면 나에게도 좋은 것이다.
>
> ─ 5장 '고독'

비가 오면 나의 농사에 좀 불편은 있지만 자연 전체에는 유익 이 된다. 물론 이러한 생각은 자연 전체에 유익하면 결국 나의 농 사에도 유익하기 때문에 좋다는 이해타산에 기반하고 있지 않다. 인간과 자연은 서로 의존하면서 함께 살고 있다는 공생적 사고에 기반하고 있는 것이다.

이처럼 소로는 《월든》에서 참다운 인간의 삶이란 어떤 것인가에 대한 물음을 우리에게 제기한다. 그는 일반적인 성공의 개념에 강한 의문을 제기하고, 문명의 발전이 우리에게 더 나은 삶을 가져올 것이라는 기대감에 경고를 던진다. 그리고 우리가 참다운 삶을 살기 위해서는 먼저 우리 자신이 자연의 일부임을 깨닫고 자연처럼 소박하게 살아야 한다고 주장한다. 하지만 우리가 사는 자본주의 현대사회는 이런 소박한 삶을 강조하는 것이 아니라, 욕심에 따라 살게 만든다. 남보다 공부를 더 열심히 해서 남보다 더 좋은 대학에 가고, 남보다 더 좋은 직장을 가서 남보다 더 많은 돈을 벌고, 남보다 더 좋은 집에서 사는 것을 좋은 삶이라고 믿게 하는 것이다. 결국 모두가 이런 삶을 원한다면 사람들은 다들 비슷비슷한 삶을 살게 될 것이다.

하지만 소로는 자연에서는 모든 생명체가 독특하기 때문에 어떤 생명체도 자신만의 성장 속도가 있다고 이야기한다. 떡갈나무는 떡갈나무의 성장 속도가 있고, 사과나무는 사과나무의 성장 속도가 있다.《월든》에서 소로는 우리에게 남들과 비슷한 삶이 아니라 자연 속의 다른 생명체처럼 자신에게 맞는 삶, 자신이 원하는 삶을 살라고 말한다. 그것이 바로 자연이 우리에게 주는 삶의 가르침인 것이다.

왜 우리는 성공하기 위해서 그토록 필사적으로 서두르고, 그토록 필사적으로 일을 추진하는 것일까? 어떤 사람이 자기의 동료들과 발걸음이 맞지 않는다면, 아마도 그가 다른 북소리를 듣고 있기 때문일 것이다. 그 북소리가 어떻든, 얼마나 먼 곳에서 들리든 그 사람이 듣는 소리에 맞추어 걸어가도록 내버려 두라. 그 사람이 꼭 사과나무와 떡갈나무처럼 빨리 성숙해야 한다는 것은 전혀 중요하지 않다. 그가 다른 사람과 발걸음을 맞추기 위해 자신의 봄을 여름으로 바꾸어야 한단 말인가?

— 18장 '맺는말'

정리해 봅시다

지금까지 우리가 살펴본 세 개의 문학작품은 공통적으로 인간의 삶이란 무엇인가를 생각하게 만들고 그것을 더 분명히 이해하게 합니다. 또 인간으로서 우리가 처한 현실적 조건에 대해서 고민하고 맞서게 합니다.

셰익스피어의 《햄릿》에서는 햄릿의 유명한 문구 '사느냐 죽느냐, 그것이 문제로다'를 통해 우리에게 가치 있는 삶과 죽음에 관해 질문합니다. 죽음까지도 생각할 만큼 힘든 현실이지만 죽음 앞에서 한없이 무력해지는 우리가 내릴 결정은 무엇이 될 수 있을지를 묻고 있지요. 우리 삶의 무상함을 상기시키면서 동시에 한정된 시간 속에 살고 있는 우리가 어떻게 살아야 할지 고민하게 합니다. 또한 삶의 불확실성 속에서 끊임없이 고민하고 망설이는 주인공의 모습을 통해 우리는 '생각하는 인간'이라는 인간의 주체성을 발견하게 됩니다.

카프카의 《변신》은 《햄릿》만큼 우리가 처한 우울한 삶의 모습을 보여 줍니다. 있는 그대로의 나로 인정받고 살아가는 것이 아니라 일터에서의 노동자, 가정의 경제를 책임지는 수단으로 존재하는 삶 말입니다. 흉측한 벌레로 변신한 주인공 그레고르는 소외된 삶을 사는 현대인의 우울한 자화상이라고 할 수 있습니다. 하지만 우울하다고 해서 외면할 수도, 벗어날 수도 없는 현실이지요. 그렇기 때문에 우리 삶은 고독하고 불안할 수밖에 없다는 것을 카프카는 《변신》을 통해서 담담하게 이야기하고 있습니다.

반면 인간 사회에서 소외되고 고독한 인간들의 삶에 그 원인과 해결책을 제시해 주는 작품이 소로의 《월든》일 것입니다. 물질문명은 우리에게 남들보다 더 많이 일해서 더 많이 가지라고 말하지만 반대로 소로는 자연과 함께 소박하게 살아가라고 권유합니다. 자연 속에서 사는 소박한 삶은 우리를 과도한 노동에서 벗어나게 해 주고 우리 삶 그 자체에 집중할 수 있게 만들어 주기 때문이지요. 회사를 위해 존재하는 나, 가족을 부양하기 위해 살아가는 나가 아니라 자연의 일부로서 나 그 자체로 살아야 한다는 의미 있는 발견을 하면서요. 그런 점에서 《월든》은 인간의 고독과 소외, 근원적인 불안을 치료하는 방법을 알려 주는 책이라고 할 수 있을 것입니다.

2장
역사란
무엇일까

• 카 《역사란 무엇인가》 • 김부식 《삼국사기》 • 일연 《삼국유사》

E. H. 카

Edward Hallet Carr

1892~1982

김부식

金富軾

1075~1151

일연

一然

1206~1289

● 영국의 역사가·정치학자.

외교관으로 20년간 활동했고 이후 국제정치학 교수, 〈타임스〉의 부(副)편집인을 역임했다.
1948년에는 유엔세계인권선언 기초위원회 위원장을 맡기도 했다. 오랫동안 옥스퍼드대학과
케임브리지대학에서 교육과 연구 활동을 하면서 30년간 14권으로 출판한 《소비에트 러시아 역사》는
역사가로서 카의 기념비적인 저작이다. '역사란 과거와 현재 사이의 끊임없는 대화'라는
유명한 말을 남긴 《역사란 무엇인가》(1961)는 같은 해 케임브리지대학에서
여섯 차례 연속으로 진행한 강연을 엮은 책이다. 이 책은 출간 이후 세계 각국에서 번역, 출판되어
전 세계 젊은이들에게 많은 영향을 끼쳤을 뿐만 아니라 지금까지 가장 많이 팔린 역사학 이론서가 되었다.
한국에서도 이 책은 오랫동안 대학생들의 필독서로 자리 잡고 있다.

● 고려 중기의 유학자·역사가·정치가.

신라 왕실의 후손으로 경주에서 출생. 22세에 과거에 합격하여 관료의 길로 들어섰고,
왕에게 《주역》과 《상서》 등을 강의하기도 했다. 1135년 묘청 등이 서경으로 도읍지를 옮기려는
반란을 일으키자 총지휘관으로서 반란군을 진압하였고, 이후 승승장구하여 최고 높은 벼슬에 오른다.
유학자였던 김부식은 왕권 중심의 유교적 통치이념에 충실하고자 했으며, 신비주의적 사고나
급격한 개혁을 반대했다. 1142년 관직에서 물러난 뒤 왕의 명령으로 젊은 학자 10명과 함께
《삼국사기》 편찬을 주도하여 1145년에 완성한다. 왕령에 의해 만들어진 《삼국사기》는 이후 국가에서
편찬하는 역사책의 모델이 되었다. 《삼국사기》는 현재 우리나라에 남아 있는 가장 오래된 역사책으로,
우리가 알고 있는 삼국 시대 역사의 대부분은 《삼국사기》와 《삼국유사》에 기반한 것이다.

● 고려 후기의 승려.

14세에 승려가 되었고, 22세에 승려들의 과거시험에 나가 장원급제하였다.
1268년 일연은 팔만대장경의 간행을 축하하는 행사를 주관했는데, 이때 불교를 대표하는
100여 명의 승려 중 최고 자리에 앉았다. 이 자리에서 일연은 여러 사람들의 질문에 답했는데
그 대답에 탄복하지 않는 사람이 없었다고 한다. 일연은 1283년 78세에 고려의 최고 승려인
국사(國師)가 되었다. 일연이 《삼국유사》를 언제 썼는지는 정확한 기록이 남아 있지 않지만
《삼국사기》보다 늦게 완성되었다고 알려져 있고 《삼국사기》에 인용되지 않은 고전들이 많이 거명되고
대부분 원형대로 수록되어 있다. 《삼국유사》에 수록된 단군신화를 비롯해
다양한 신화, 전설, 향가 등은 한국고전문학의 '보물창고'로 여겨진다.

앞 장에서 우리는 문학 분야의 고전을 통해서

인간으로서 우리가 처해 있는 삶의 조건이

무엇인지 살펴보았다.

이번 장에서는 앞에서 살펴본 개별 인간들의

다양한 삶의 조건들이 오랜 시간 동안 모여 만들어 낸 그것,

바로 역사에 대해 알아볼 것이다.

과연 역사는 무엇이고, 우리는 왜 역사를 공부해야만 할까.

우리는 이런 질문에 대한 답을 역사 분야의 고전인

E. H. 카의 《역사란 무엇인가》를 통해서 찾아볼 것이다.

사실 '역사'라는 풍경은 너무 멀리 있고 너무 거대해서

우리 눈에 그저 막연하게만 보이는 것 같다.

하지만 카의 《역사란 무엇인가》는 역사가 무엇인지

잘 보지 못하는 우리에게 그 풍경을 잘 볼 수 있는

'안경'을 씌워 줄 것이다.

그리고 우리는 카의 '안경'을 통해서

우리나라의 대표적 역사서인 《삼국사기》와

《삼국유사》를 보게 될 것이다.

카의 '안경'이 우리에게 잘 맞는지, 이 안경을 통해서

잘 안 보이던 '역사'라는 풍경이 더 잘 보이게 되는지

한번 같이 살펴보도록 하자.

역사란 무엇인가

우리는 학교에서 '역사'를 배운다. 그런데 우리가 학교에서 배우는 '역사'는 뭘 배우는 과목일까? 흔히들 역사는 과거에 있었던 일에 대해서 배우는 것이라고 생각한다. 그래서 과거에 무슨 일이 있었는지 열심히 암기해서 시험을 본다. 하지만 역사가 이렇게 과거에 있었던 일의 기록일 뿐이라면, 그래서 역사 과목이 지루한 암기과목일 뿐이라면 왜 우리는 '지금-여기'에서 역사를 배우는 것일까?

한번 생각해 보자. 역사는 한 나라에만 있는 것이 아니다. '나'에게도 개인으로서 '나'의 역사가 있다. 우리는 '나'의 역사를 일기장에 기록한다. 그런데 왜 '나'의 역사를 일기장에 기록하는 것일까? 단지 나에게 무슨 일이 있었는지 잊어버리지 않고, 나중에 암기하기 위해서 쓰지는 않을 것이다. 어쩌면 우리는 현재의 '나'가 과거의 '나'에게 일어났던 사건이나 '나'가 했던 행동을 기억하고 반성하여 미래를 대비하기 위해서 일기를 쓰고 있는지도 모른다.

우리가 역사를 배우는 것도 마찬가지라고 생각한 사람이 있다. 그 사람이 바로 《역사란 무엇인가》를 쓴 E. H. 카이다. 카는 역사가 박제된 과거의 사실을 그저 암기하는 것이 아니라 역사를 통해서 미래에 교훈을 남기는 것이라고 생각한다. 즉 과거에 있었던 사실이 그저 시간의 폐기물이 아니라, 현재에서 바라보는 미래의 거울이자 미래를 현실로 만들어 주는 거름인 것이다. 그럼 카가 실제로 무슨 이야기를 했는지 이제부터 한번 들어보도록 하자.

1
"역사란 과거와 현재의
끊임없는 대화이다"

실증주의 역사관

E. H. 카의 《역사란 무엇인가》에서 가장 유명한 이야기는 '역사란 과거와 현재의 끊임없는 대화'라는 것이다. 여러분도 들어 본 적이 있을 것이다. 그런데 과거와 현재가 '대화'를 한다니 도대체 무슨 말일까? 그리고 과거와 현재가 대화를 한다면 무슨 대화를 하게 되는 것일까? 아니, 그보다 이 책의 제목처럼, 역사란 무엇일까. 카는 《역사란 무엇인가》의 1장을 마무리하면서 다음과 같이 이야기한다.

역사가는 사실들의 미천한 노예도 아니고 폭군과 같은 지배자도 아니다. 역사가와 사실의 관계는 평등한 관계, 즉 주고받는 관계다. 역사가는 계속해서 사실을 자신의 해석에 맞추고 또 자신의 해석을 사실에 맞추는 과정에 있다. 둘 중 어느 한쪽에 우위를 둔다는 것은 불가능하다. 역사가와 역사의 사실은 서로에게 필수적이다. 사실을 가지고 있지 않은 역사가는 뿌리가 없으며, 따라서 열매를 맺을 수 없다. 역사가가 없는 사실은 죽은 것이고 무의미하다. 그러므로 '역사란 무엇인가?'에 대한 나의 대답은 역사란 역사가와 사실의 지속적인 상호작용 과정, 즉 '현재와 과거의 끊임없는 대화'라는 것이다. ─ 1장 '역사가와 사실들'

카의 말을 직접 들어 봐도 이해가 잘되지 않는다면, 사고실험을 한번 해 보자. 지금으로부터 100년이 지난 2115년, 한국에 이상한 일이 발생해서 2015년도에 발행된 ○○일보와 △△신문 이외에는 한국의 모든 기록들이 사라졌다고 가정해 보자. 이런 상황에서 2115년의 역사가는 2015년의 대한민국의 역사를 쓰기 위해서는 ○○일보와 △△신문만을 참고해야 할 것이다. 이때 우리는 보통 역사를 기록하는 역사가는 현재 남아 있는 신문 이외에 자신의 상상력을 발휘하여 없는 사실을 덧붙여서도 안 되고 신문의 내용을 왜곡해서도 안 된다고 생각한다. 즉 그럴 때만 역사는 '객관적'일 수 있다고 생각하는 것이다.

이처럼 역사가는 과거에 무슨 일이 있었는지 기록된 자료만을 보고 '객관적으로' 역사를 서술해야 한다고 생각하는 역사관을 '실증주의 역사관'이라고 부른다. 실증주의 역사관의 특징은 '역사'는 '사실을 사실 그대로 보여 주는 것'이라는 주장이다. 즉 '○○일보와 △△신문에 따르면 이런 일이 있었다'고 객관적으로 역사를 기술하고자 하는 것이 실증주의 역사관이다. 실증주의 역사관을 대표하는 사람은 독일 역사가 레오폴트 폰 랑케(Leopold von Ranke, 1795~1886)인데, 랑케는 객관적인 역사관을 강조하여 역사를 '과학'의 자리에 올려놓았다고 평가받는다. 랑케는 역사적 자료에 충실하면서 역사가의 편견이나 선입관에 사로잡히지 않고 끝까지 객관적으로 저술하는 것을 강조했다. 과거에 일어난 '사실(fact)'이 엄연히 존재했으므로, 역사가는 그것이 기록된 문서를 객관적으로 분석함으로써 당시의 상황을 복원할 수 있다는 것이다.

주관주의 역사관

그런데 이러한 랑케의 실증주의 역사관이 정말 '객관적'이라고 할 수 있을까? 역사가들이 ○○일보와 △△신문의 기록을 있는 그대로 보여 준다고 해서 이것을 '객관적'이라고 할 수 있을까? 2015년 한국에서 무수히 많은 일이 일어났을 텐데 왜 그중에서 ○○일보는 a, b, c라는 사건을 보도하고 △△신문은 b, c, d라는 사건을 보도했을까? 그들은 2015년 어느 날 일어난 무수히 많은 일들 중에서 담당 기자나 신문사의 관계자들이 '중요하다'고 생각하는 것만을 보도했을 것이다.

그런데 이 사건들이 '중요하다'는 것은 정말 '객관적'일까? 거기에는 반드시 어떤 사건을 보도할 것인지 선택하는 사람의 '주관'이 개입되어 있을 것이다. 우리들이 일기를 쓸 때도 아침에 일어나서 잠자리에 들 때까지 일어났던 모든 일을 기록하는 것이 아니라 '내'가 생각하기에 '중요하다'고, 또 '의미 있다'고 생각하는 것만을 기록하는 것과 같은 이치다. 따라서 어떤 사건을 기록할지

취사선택하는 것은 '주관적'이다.

물론 이렇게 생각하는 사람도 있을 것이다. ○○일보와 △△ 신문 모두 공통적으로 'b, c'를 보도했으니 b, c는 '객관적으로' 중요한 사건으로 생각할 수 있지 않을까? 하지만 ○○일보와 △△신문은 공통적으로 b, c를 보도했지만 그 관점이 다를 수 있다. 똑같은 사건을 보도하고 있지만 그 사건을 보는 시각이 다른 것이다. 예를 들어, 홍길동은 가난한 사람에게 나누어 주려고 부자들의 집을 도둑질했는데, 이런 하나의 사건 혹은 사실을 두고 어떤 사람은 홍길동이 잘했다라고 평가하기도 하고, 어떤 사람은 홍길동은 그저 나쁜 도둑놈일 뿐이라고 평가할 수도 있는 것이다.

이렇듯 실증주의 역사관이 주장하는 것처럼 역사가 '객관적'인 것이 아니라, 역사는 역사를 기록하는 사람의 '주관적인 해석'에 좌우된다고 생각하는 것이 '주관주의 역사관'이다. 이러한 주장을 하는 대표적인 사람이 콜링우드(Robin George Collingwood, 1889~1943)인데, 콜링우드는 랑케가 말한 것처럼 '객관적'으로 순수한 역사적 사실은 존재하지 않기 때문에 있는 그대로 과거를 복원하는 것이 불가능하다고 주장하였다. 앞서 일기장이나 신문의 예에서 본 것처럼, 객관적으로 보이는 역사적 사실이라는 과거는 사실 역사가에 의해 '주관적'으로 취사선택되고, 또 '주관적'으로 해석과 의미가 부여된 것이다. 즉 객관적이라고 생각되는 역사적 사실은 항상 주관에 의해서 오염되어 있다는 것이 콜링우드의 생각이다.

객관적인 역사관과
주관적인 역사관의 절충

이제 '실증주의 역사관'과 '주관주의 역사관'을 이해했으니 다시 카의 '역사는 과거와 현재의 대화'라는 말로 돌아가 보자. 카는 랑케의 객관성을 강조하는 실증주의 역사관이 마음에 들지 않았지만, 콜링우드의 주관주의 역사관 역시 마음에 들지 않았다. 우선 카는 랑케의 '실증주의 역사관'을 '가위와 풀의 역사'라고 말했는데, 이는 가위와 풀로 신문을 스크랩하듯이 과거의 기록을 그대로 가져오는 데 그친다는 의미이다.

반면에 만약 콜링우드의 '주관주의 역사관'이 주장하는 대로 역사라는 것이 역사를 기록한 사람의 주관에만 좌우된다면, 역사는 소설과 구분이 되지 않을 것이다. 예를 들어, TV에서 인기리에 방영됐던 〈정도전〉, 〈기황후〉 같은 사극이나 〈명량〉 같은 영화도 역사적 '사실'을 바탕으로 주관적으로 꾸며 낸 이야기인데, 이러한 사극이나 영화를 역사라고 할 수는 없을 것이다. 물론 주관주의 역사관이 없는 사실을 꾸며 내는 것은 아니지만, 과장을 하자면, 주관의 해석에 따라 만들어진 이야기와 역사의 경계가 분명하지 않게 된다는 것은 사실이다.

한편 주관적인 해석이 충돌하는 일도 발생할 수 있다. 예를 들어, 우리나라의 입장에서는 이토 히로부미를 암살한 안중근 의사가 훌륭한 인물이지만, 일본의 입장에서는 안중근 의사는 자기 나라의 정치인을 살해한 암살범일 뿐이다. 즉 '안중근이라는 인물이 1909년 10월 26일 오전 하얼빈 역에서 이토 히로부미를 총으로 저격'이라는 역사적 사실은 하나이지만, 이 사실에 대한 해석은 달라질 수 있다. 그렇다면 우리나라의 입장이 맞는 것일까, 일본의 입장이 맞는 것일까, 라는 해석의 문제가 계속해서 발생할 수밖에 없다.

따라서 카는 '객관주의 역사관'과 '주관주의 역사관'을 절충하려고 한다. 역사는 '과거와 현재의 대화'라는 말에서, 과거는 객관적인 역사적 사실을, 현재는 역사를 기록하는 현재 역사가의 주관적인 해석을 말한다. 다시 말해 카의 '절충주의 역사관'의 핵심은 랑케처럼 '가위와 풀'을 가지고 과거 사실을 기계적으로 편집하는 역사를 쓰거나, 콜링우드처럼 현재의 주관적 관점에서 과거 사실을 왜곡하는 오류를 모두 피하기 위해서는 현재의 역사가는 끊임없이 과거의 역사적 사실과 대화를 해야만 한다는 것이다. 이것이 바로 카가 '역사는 과거와 현재의 대화'라고 결론 내린 이유이다. 카에 따르면 "사실은 스스로 말하는 게 아니라 역사가가 말을 걸 때만 말한다."

이처럼 카에게 있어서 과거의 '역사적 사실'에 대한 이해와 현재의 '역사가'에 대한 이해는 모두 중요하고, 따라서 역사를 공부할 때 두 가지 모두에 신경을 써야 한다. 하지만 그렇게 쓰인 '역사'를 더 잘 이해하기 위해서는 과거의 역사적 사실을 기술하는 역사가가 어떤 '관점'에서 그 사실을 이해했는지, 또 그 해석의 관점이 타당한지를 따지면서 역사를 공부하는 것이 중요하다. 이런 의미에서 역사는 그저 외우기만 하면 되는 암기과목이 아니라 비판적인 '매의 눈'으로 살펴보고 공부해야 하는 과목이라고 할 수 있다.

2
개인은 사회 안에
속해 있다

역사가가 처한
역사적·사회적 환경

카는 《역사란 무엇인가》 2장에서 다음과 같은 이야기를 한다.

> 역사를 공부하기 전에 역사가를 공부하라. 이제 나는 거기에
> 덧붙여 말한다. 역사가를 공부하기 전에 역사가가 처한 역사적·사
> 회적 환경을 공부하라. 역사가는 개인이면서 또한 역사와 사회의 산
> 물이기도 하다. ─ 2장 '사회와 개인'

이제 우리는 첫 번째 문장 '역사를 공부하기 전에 역사가를
공부하라'는 말의 뜻을 이해할 수 있다. 역사는 '현재와 과거의 대
화'이기 때문에 과거의 역사적 사실만큼 그 역사적 사실에 말을
거는 역사가의 역할이 중요하다는 것을 우리는 이제 알고 있다.
따라서 역사를 공부하기 전에, 아니면 역사를 공부하기 위해서는
역사가를 공부하는 것이 중요하다. 그런데 역사가를 공부하기 전
에 '역사가가 처한 역사적·사회적 환경을 공부하라'는 것은 무슨
의미일까? 이 말의 뜻을 이해하기 위해서는 카의 말을 한번 들어
보는 것이 좋겠다.

우리는 종종 역사의 진행을 '움직이는 행렬'이라고 말한다. 이 비유는 꽤 그럴듯하다. 다만 역사가를 외딴 바위산에서 그 행렬을 내려다보는 독수리라거나 사열대 위의 귀빈이라고 생각하도록 유혹하지 않는다면 말이다. 역사가는 절대 그런 존재가 아니다! 역사가는 단지 그 행렬의 한 부분에서 터벅터벅 걷고 있는 하나의 희미한 존재일 뿐이다. — 2장 '사회와 개인'

여전히 무슨 말인지 모르겠다고? 그럼 예를 하나 들어 보자. 개미를 연구하는 곤충학자는 개미를 바라보면서 개미의 습성을 '객관적으로' 연구할 수 있다. 왜냐하면 개미를 연구하는 곤충학자는 개미의 세계 밖에서 개미를 관찰할 수 있기 때문이다. 그럼 역사를 연구하는 역사학자도 그렇게 할 수 있을까? 카는 그럴 수 없다고 말한다. 왜냐하면 역사를 기록하는 역사가는 자신이 연구하는 역사 바깥으로 나갈 수 없기 때문이다. 인간의 역사를 기록하는 역사가 역시 인간의 역사 속에서 살고 있는 한 명의 인간이다. 위에서 카는 역사의 흐름을 '움직이는 행렬'이라고 할 수 있다면 역사를 기록하는 역사가 역시 그 행렬 안에서 걷고 있는 사람이라고 말한다.

따라서 역사가는 절벽 위에서, 즉 역사 바깥에서, '역사라는 행렬'을 '객관적으로' 내려다보는 독수리가 될 수가 없다. 다시 말해서 역사를 기록하는 역사가 자신이 속해 있는 역사의 영향을 받을 수밖에 없다. 움직이는 행렬이 오른쪽으로 움직이느냐 왼쪽으로 움직이느냐, 빠르게 움직이느냐 천천히 움직이느냐에 따라 역사가의 시신도 달라질 수밖에 없다. 따라서 역사를 공부하기 위해

서는 역사가를 먼저 공부해야 하고, 역사가를 공부하기 위해서는 그 역사가가 속해 있는 사회적 환경, 말하자면 그 행렬을 먼저 공부해야 하는 것이다.

역사학은 과학과 닮은꼴

여러분은 "클레오파트라의 코가 조금만 낮았더라면 역사가 달라졌을 것이다."라는 말을 들어 본 적이 있을 것이다. 정말 그랬을까? 카는 그렇지 않을 것이라고 말한다. 클레오파트라의 코로 상징되는 클레오파트라의 매력은 역사의 흐름에서 아주 우연적인 것이다. 물론 역사에서 우연의 영향이 전혀 없다고는 할 수 없지만, 우연적인 원인보다 더 중요한 것이 어떤 역사적 사건 배후에 있는 일반적인 원인이다. 카에 따르면, 히틀러가 2차 세계대전 중 수많은 유대인을 학살한 이유는 히틀러 개인이 악마 같은 인간이었기 때문이라고 말하는 것은 적절하지 않다. 왜냐하면 히틀러는 갑작스럽게 그리고 우연히 나타난 '또라이'가 아니라 당시 독일 사회에 그런 인물이 나타날 수밖에 없는 이유가 있었기 때문이다.

　카는 역사적 사건 배후에 있는 이러한 일반적인 이유, 즉 사회적인 환경을 찾는 것이 역사가의 역할이라고 말한다. 그래서 카는 "역사를 의식적인 개인 행위의 측면에서보다는 잠재의식적인 집단적 상태와 태도의 측면에서 고찰하는 것이 바람직하다."라고 적었다. 즉 개인으로서 히틀러가 가진 악마 같은 성격이 유대인 학살을 낳은 것이 아니라 당시 독일 사회의 잠재의식과 바이마르 공화국의 무능이 유대인 학살의 원인이므로 그러한 사회적 환경을 연구하는 것이 역사가의 임무라는 주장이다.

이런 측면에서 카는 역사학이 과학과 닮은 면이 있다고 말한다. 아니, 앞에서 카는 역사학이 '객관적'인 과학이라고 말한 랑케를 비판했다고 했는데, 이제 와서 카 역시 역사학이 과학과 닮은 면이 있다고 하다니 무슨 말인가? 카의 생각은 역사가 '클레오파트라의 코' 또는 '악마 같은 히틀러'처럼 우연적이고 특수한 것을 다루는 것이 아니라, 어떤 역사적 사건 배후의 일반적인 원인을 찾는다는 의미에서 과학과 닮았다는 것이다.

과학은 여러 현상들 속에서 그 현상들이 왜 일어나는지 일반적인 가설을 세운다. 사과를 떨어뜨리면 위에서 아래로 떨어지고, 지우개를 떨어뜨려도 위에서 아래로 떨어진다면 이러한 개별적인 현상을 일으키는 일반적인 원인이 있을 것이다. 과학자들은 이 일반적인 원인이 무엇일지 가설을 세우고 그것이 맞는지 연구해 나간다. 카에 따르면 역사학도 마찬가지다. 역사학은 이런저런 역사적 현상들이 왜 일어나는지에 대해서 가설을 세우고 연구하는 학문이다. 즉 역사란 특수한 것과 일반적인 것의 관계를 밝히는 것이고, 이런 의미에서 과학처럼 가설이 성립될 수 있다는 것이다.

3
역사는
발전한다

과거를 이해하는 것은
현재를 성찰하고 미래를 예측하는 힘

우리는 역사를 단지 과거에 대한 기록이라고만 생각한다. 하지만 앞서 살펴본 것처럼 카는 역사가 '과거와 현재가 나누는 대화'라고 말한다. 그런데 왜 이런 대화가 필요할까? 그것은 현재의 우리는 과거의 역사를 통해서 미래에 대해서 이해할 수 있게 되기 때문이다. 따라서 역사는 과거, 현재, 미래 모두와 관련을 맺고 있다. 앞에서 우리가 일기를 쓰는 이유는 현재의 '나'가 과거의 '나'가 했던 생각과 행동을 그저 기록하기 위해서가 아니라 그것들을 돌아보고 반성함으로써 미래의 '나'가 더 나은 사람이 될 수 있도록 하는 것이라고 이야기했다. 역사도 마찬가지다. 현재에서 과거를 이해하는 것이 미래를 준비할 수 있도록 돕는다. 그래서 카는 다음과 같이 말한다.

과거에 비추어 현재를 배운다는 것은 현재에 비추어 과거를 배운다는 것이다. 역사의 기능은 과거와 현재가 서로에 대해서 더 잘 이해할 수 있게 한다는 것이다. 또 역사는 미래에 대해서도 타당하고도 도움이 되는 일반적인 가르침을 준다. ─ 3장 '역사, 과학, 도덕'

카에 따르면 과거는 미래에 빛을 비추고 미래는 다시 과거에 빛을 비춘다. 즉 과거를 이해하는 힘이 미래에 대한 전망을 가져다주고, 미래에 대한 전망이 과거에 대한 통찰력을 가져다준다. 따라서 미래에 대한 전망을 기르기 위해서는 우리의 과거에 대해서 더욱더 관심을 가져야 하는 것이다. 현재가 너무 혼란스럽고 그래서 미래에 무엇을 해야 할지 아무것도 보이지 않을 때 카는 우리에게 과거를 돌아보라고 말한다. 역사를 살펴보면 왜 현재가 이렇게 혼란스러운지 짐작할 수 있고, 또 이러한 과거와 현재를 가졌으니 미래는 어떤 방향으로 나가게 될 것인지 예상할 수 있기 때문이다. 이처럼 현재와 미래는 과거와 무관하지 않다.

역사가 발전한다는 의미

또한 카는 역사가 점점 더 발전한다고 믿는 낙관주의자였다. 물론 카가 역사에 대해서 가진 낙관론은 막연히 미래가 나아질 것이라든지, 역사는 미리 정해진 어느 한 방향을 향해서 가고 있다는 것이 아니다. 카가 생각한 역사의 발전은 인간의 잠재능력이 진보적으로 발전한다는 낙관론이다. 카는 "진보를 믿는다는 것은 자동적이거나 필연적인 과정을 믿는 것이 아니고, 인간의 잠재성이 계속적으로 발전한다고 믿는 것이다."라고 말한다. 과거를 현재의 어떤 하나의 관점에서 반성하고 그렇게 새로 생성된 관점에서 미래를 보고, 시간이 흘러 다음에는 또 다른 관점에서 반성하고 그 새로운 관점에서 미래를 보고, 그다음에는 또 다른 관점을 가지게 된다면 역사를 보는 우리의 시야는 점점 넓어질 것이다. 이것이 바로 인간의 잠재능력이 발전한다는 의미이다.

이런 시각에서 보자면 《역사란 무엇인가》를 통해서 우리가 배워야 할 점 중의 하나는 현재와 과거의 실패에 머물러 있지 않는 것이다. 또 실패했기 때문에 모든 것이 무의미하다고 생각하지 않는 것이다. 카는 우리의 과거와 현재의 실패에 과감히 도전하라고 말한다. "인간의 역사에서 진보는 기존 질서의 점진적인 개선을 추구한 사람들이 아닌 기존 질서에 근본적인 도전을 감행했던 사람들을 통해 이루어졌다." 그러므로 역사는 과거의 사실을 암기하는 것이 아니라 미래를 만들어 가는 것이다. 즉 우리의 미래는 '오래된 미래'이다.

지금까지 카의 《역사란 무엇인가》에 대해서 살펴보았다. 사실 이 책은 한국에서 가장 많이 읽혔던 역사이론서라고 할 수 있다. 1970년대 이후 거의 모든 대학의 신입생 필독서였다. 영화 〈변호인〉에도 군사독재시절 이 책을 몰래 공부하다가 잡혀 가는 장면이 나온다. 그만큼 이 한 권의 역사책이 한국사회에 끼친 영향이 컸다는 의미다. 역사란 단순한 사실의 나열이 아닌 한 사회의 시대적 상황과 인식을 보여 주는 것이고, 그저 무의미하게 일어난 사건들이 아니라 원인과 결과가 존재하는 하나의 사건이라는 것을 짚어 준다는 점에서 이 책의 의의가 있다.

《역사란 무엇인가》는 역사를 어떻게 이해해야 하는지에 대한 일반적인 서술이다. 즉 이 책은 역사라는 거대한 풍경을 볼 수 있는 안경을 우리에게 씌워 주었다. 그렇다면 이 책이 쓰이기 훨

씬 이전의 시대도, 그리고 다른 나라의 역사 풍경도 이러한 안경
을 쓰고 볼 수 있을까? 이제 《삼국유사》와 《삼국사기》를 통해서
그 답을 한번 찾아보도록 하자.

삼국사기와 삼국유사

고려 시대에 김부식이 쓴 《삼국사기》와 일연이 쓴 《삼국유사》는 현재 우리에게 고구려, 백제, 신라 삼국 시대의 역사를 알려 주는 소중한 역사 고전이다. 우리가 알고 있는 삼국에 대한 거의 모든 지식은 두 역사책에서 왔다고 해도 과언이 아니다. 특히 《삼국사기》는 우리나라에 현재 남아 있는 가장 오래된 역사책이다. 그런데 《삼국사기》와 《삼국유사》는 모두 고구려, 백제, 신라 삼국의 역사를 다루고 있음에도 불구하고 서술방식이나 기록된 내용이 굉장히 다르다. 아니 똑같이 삼국의 역사를 다룬 역사책이 왜 그렇게 다른 걸까, 이상한 일이다.

이 이유를 알기 위해서 우리는 앞서 살펴본 카의 이야기를 다시 한 번 기억해 보자. "역사를 공부하기 전에 역사가를 공부하라. 이제 나는 거기에 덧붙여 말한다. 역사가를 공부하기 전에 역사가가 처한 역사적·사회적 환경을 공부하라. 역사가는 개인이면서 또한 역사와 사회의 산물이기도 하다." 카는 역사를 공부하기 전에 가장 먼저 역사가가 처한 사회적 환경을 공부하라고 했으니 《삼국사기》와 《삼국유사》가 쓰인 사회적 환경부터 살펴보자.

1
《삼국사기》와
《삼국유사》가 쓰인 사회적 환경

이전의 통일된 역사를 통해
현재의 분열을 해결하려는 노력 - 삼국사기

《삼국사기》는 임금의 명령에 의해 편찬된 역사책으로, 김부식이 책임을 맡아 1145년에 완성하였다. 김부식이 활동했던 12세기 고려사회는 나라 안팎으로 어려움을 겪던 시기였다. 여러 갈등으로 인해 왕의 힘은 약해졌고 나라를 다스리는 사람들은 분열되었다. '묘청의 난'(서경 출신의 승려 묘청이 풍수지리설에 따라 고려가 어려움을 겪게 된 것은 개경(開京)의 지덕(地德)이 쇠약한 때문이라고 하여 지덕이 왕성한 서경으로 수도를 옮겨야 한다고 주장하며 일으킨 난)과 같은 대규모의 난이 자주 일어났다. 그 시기에 삼국의 역사를 정리하여 새로운 역사책을 편찬한 이유는 무엇일까? 김부식은 《삼국사기》를 쓴 이유에 대해서 다음과 같이 쓰고 있다.

> 중국의 역사책은 중국의 일만 자세히 기록하고, 외국의 일은 간략히 기록하여 삼국의 역사가 모두 갖추어 실리지 않았다. 또한 우리의 옛 기록은 글이 거칠고 졸렬하여 역사적 사실이 누락되어 있어서 임금의 선함과 악함, 신하의 충성과 간사함, 나라의 평안과 위기, 백성의 다스려짐과 혼란스러움을 모두 드러내어 후대에 교훈을 남길 수 없다. ― '진삼국사표(進三國史表)'

여기에서 볼 수 있듯이, 김부식은 《삼국사기》를 통해서 충성스러운 신하의 도리가 어떠해야 하는지, 국가가 평안하려면 신하와 왕의 관계, 백성과 왕의 관계는 어떠해야 하는지를 삼국의 역사를 통해서 보여 주고자 했다. 즉 과거 삼국의 역사를 통해서, 현재 분열되어 있고 위기에 처해 있는 고려에 대한 관심을 높이고, 신하와 백성의 도리를 일깨워 나라의 질서를 회복하려고 한 것이다. 이처럼 《삼국사기》는 단순히 과거 삼국의 역사를 기록하는 것에 머물지 않고 과거의 역사를 통해서 현재의 문제를 해결하고자 하였다.

상처 난 우리 자존심의 회복을 위하여 – 삼국유사

《삼국유사》 역시 《삼국사기》와 마찬가지로 당시 사회적 환경 속에서 탄생한 역사책이다. 일연은 고려 시대 최고로 존경받던 스님이었는데, 왜 스님이 역사서까지 쓰게 된 것일까? 이 역시 일연이 살던 시대적 상황과 관계가 있다.

《삼국유사》는 일연이 1281년 즈음에 완성한 역사책이다. 일연이 《삼국유사》를 쓸 무렵, 고려는 무신의 난 이후 농민, 천민의 항쟁이 일어나고 몽고족과의 오랜 싸움 끝에 결국 원나라의 지배를 받게 된다. 물론 이런 상황 속에서 가장 큰 고통을 받은 것은 일반 백성이었다. 이런 시대적 상황에서 일연은 우리 역사의 주체성과 독자성을 강조하는 역사를 서술할 절실한 필요를 느낀다. 우리가 너무나도 잘 알고 있는 단군신화가 《삼국유사》에 들어가 있고,

저들의 혼란스러웠던 역사를 보고 배워, 고려의 질서를 회복하는 거울로 활용해야겠군.

고구려의 시조 주몽이나 신라의 시조 혁거세 등
이 알에서 태어난 이야기 역시《삼국유사》에 기
록되어 있다.

이러한 건국신화를 통해서 일연은 중국뿐만 아니라
우리나라의 건국 역시 하늘의 뜻에 따라 신비하게 이루
어졌다는 것을 강조하고 싶었다. 즉《삼국유사》는 원나
라의 압제하에 있던 고려 백성들의 상처 난 자존심을 치
유하고 고려의 자주성과 독립성을 높이려고 했던 노력
의 결과물이다.

이렇듯《삼국사기》와《삼국유사》는 역사가가 처한
각기 다른 사회적 환경과 시대적 상황에 영향을 받아서

상국의 역사가 이렇게 주체적이고 훌륭한데, 우리 고려가 외세에 꿀릴 게 뭔가.

상이한 목적을 가지고 서술되었다. 《삼국사기》는 나라의 질서가 무너진 시대적 상황에서 신하와 백성이 왕에게 해야 할 도리 등을 강조하면서 고려의 질서를 세우려 했고, 《삼국유사》는 외세의 침략에 자존감을 잃은 백성들에게 고려의 주체성과 독자성을 보여 주려고 했다. 이처럼 두 역사서는 서로 다른 시대적·사회적 환경에서 탄생한 책이기 때문에, 두 역사서 모두 고구려, 백제, 신라 삼국의 역사를 기록했지만 그 서술방식과 내용이 확연히 달라질 수밖에 없었다.

두 역사서를 관통하는 공통점: 남성 중심 역사관

한편 당시의 시대적 상황이 《삼국사기》와 《삼국유사》의 차이를 만들기도 했지만, 남성 중심의 사회라는 점에서는 두 역사서에 공통적으로 영향을 끼치기도 했다. 두 역사서 모두 지금으로부터 거의 1000년 전에 쓰인 책이니 당연하다 할 수 있지만, 이는 역사가는 자기 시대를 넘어서지 못한다는 점을 고스란히 보여 주는 예라고 할 수 있겠다. 카가 말한 것처럼 역사가는 '움직이는 행렬' 위에 있는 독수리가 될 수 없는 것이다.

김부식은 《삼국사기》에서 신라의 선덕여왕에 대해서 다음과 같이 적었다.

> 하늘의 이치로 말하면 양(陽)은 굳세고 음(陰)은 부드러우며, 사람으로 말하면 남자는 존귀하고 여자는 비천한 것이니, 어찌 늙은 할멈이 안방에서 나와 국가의 일을 처리할 수 있겠는가? 신라는 여자를 왕위에 있게 했으니 진실로 어지러운 세상에서나 있을 일이다. 나라가 망하지 않은 것이 다행이었다. ─ 〈신라본기〉 '선덕왕'

김부식은 여기서 《삼국사기》가 쓰일 당시 남성들의 사고를 적나라하게 보여 준다. 김부식은 선덕여왕이 어떻게 나라를 다스렸는지에 대해서는 별 관심이 없고, 그저 여자가 나라를 다스리면 나라가 망한다는 생각을 가지고 있었다.

일연은 《삼국유사》에서 김부식만큼 노골적으로 여성을 비하하지 않고 다채로운 여성의 모습을 보여 주고 있기는 하지만, 여전히 역사에서 여성의 역할을 제한적으로 묘사한다. 예를 들어 단군신화에서 단군의 어머니인 웅녀에 대해서는 거의 언급이 되지 않고, 고구려를 세운 주몽의 어머니인 유화의 역할 역시 제한된다. 《삼국사기》와 마찬가지로 《삼국유사》 역시 역사를 남성 중심으로 서술하고 있기 때문이다.

이처럼 《삼국사기》와 《삼국유사》에 등장하는 여성은 남성의 시각으로 해석된 역사이고, 따라서 두 역사서 모두 당시 사회적 환경을 벗어나진 못했다고 할 수 있다.

2
역사가와 역사
김부식 VS 일연

《사기》의 형식을 빌려 쓴 《삼국사기》

역사서와 사회적 환경 혹은 시대적 상황과의 관계를 알아봤으니, 이제 역사가와 역사서와의 관계를 한번 살펴보자. 앞서 김부식은 신라 출신의 유학자라고 말했었다. 그래서 김부식은 《삼국사기》에서 고구려, 백제, 신라 중 신라를 중심으로 역사를 서술하고 있다. 김부식은 삼국 중에서 신라가 가장 먼저 출발한 것으로 간주하고 신라의 시조인 박혁거세 이야기로 서술을 시작한다. 《삼국사기》의 〈본기〉 중에서 신라를 다루는 것은 12권, 고구려를 다루는 것은 10권, 백제를 다루는 것은 6권으로 신라를 다루는 부분이 가장 많다. 또한《삼국사기》의 〈열전〉에 등장하는 인물은 총 69명인데, 이 중에서 신라인이 56명, 고구려인이 10명, 백제인이 3명이다. 이처럼《삼국사기》는 역사가의 배경과 의도에 따라서 역사는 취사선택되고, 어떤 역사는 부각되고 어떤 역사는 억압된다는 것을 증명한다.

그런데 잠깐, 여기서 〈본기〉와 〈열전〉은 무슨 뜻일까?《삼국사기》라는 책제목은 중국의 사마천이 쓴 중국의 역사서《사기(史記)》에서 나왔는데,《사기》는 〈본기(本紀)〉, 〈표(表)〉, 〈서(書)〉, 〈세가(世家)〉, 〈열전(列傳)〉 다섯 부분으로 이루어진 역사책이다. 〈본기〉는 중국 왕들의 정치와 행적을 연대기적으로 기술한 부분이고, 〈세가〉는 왕들의 권력을 지역적으로 나누어 맡고 그 지위를 세습하는 제후를 중심으로 전개되는 사건을 시대순으로 서술한 부분이다. 〈열전〉은 영웅호걸의 이야기를, 〈서〉는 천하의 문물제도의 기원과 발달 원리를 서술한 부분이다. 마지막으로 〈표〉는 여러 사건의 시공간적 연관성을 도표화한 연대기이다.

흔히들 사마천의《사기》를 '기전체(紀傳體)'로 서술되어 있는 역사책이라고 하는데, '기전'이라는 말은 〈본기〉의 '기'와 〈열전〉의 '전'을 합친 말이다. 즉 〈본기〉와 〈열전〉 중심, 말하자면 왕과 영웅들의 행동과 사건을 중심으로 쓴 역사서라는 말이다. 이러한 기전체 형식과 달리 시간의 흐름에 따라 역사를 서술하는 방식을 '편년체(編年體)'라고 한다. 우리가 일기를 쓸 때 시간의 흐름에 따라 쓴다면 우리는 우리 개인의 역사를 편년체로 기록하고 있는 것이다.

김부식이 자신의 역사서를 《삼국사기》라고 한 것은 사마천의 《사기》의 형식을 따라 썼다는 것을 미리 밝힌 것인데, 그래서 《삼국사기》의 핵심이 되는 부분도 〈본기〉와 〈열전〉이고 이 부분들은 신라의 왕과 인물, 특히 김유신 등을 중심으로 서술되었다.

사대주의 역사관을 지닌
김부식

김부식은 신라 출신이었을 뿐만 아니라 유학자이기도 했다. 그렇기 때문에 유교의 종주국이라고 할 수 있는 중국 중심의 역사관을 가지고 있었다. 김부식은 왜 백제가 멸망했는지에 대해서 서술하는 대목에서 다음과 같이 말한다.

> 백제는 말기에 와서는 도리에 어긋나는 행동이 많았으며, 또한 대대로 신라와는 원수가 되고 고구려와는 화친을 계속하면서 신라를 침범하여, 유리한 기회만 있으면 신라의 중요한 성(城)과 큰 진(鎭)을 빼앗기를 멈추지 않았다. 이른바 '어진 사람을 가까이하고 이웃과 잘 사귀는 것이 나라의 보배'라는 말과는 달랐다. 이에 당나라의 황제가 두 번이나 조서를 내려 백제와 신라 사이의 원한을 풀도록 하였으나, 겉으로는 순종하는 척하면서도 속으로는 이를 어겨 중국에 죄를 졌으니, 그들이 망한 것은 당연한 일이었다.
>
> ─ 〈백제본기〉 '의자왕'

여기서 김부식은 백제가 망한 것은 한마디로 신라와 사이좋게 지내라는 중국의 말을 듣지 않았기 때문이고, 중국의 말을 듣지 않았으니 망한 것이 당연하다고 말하고 있다. 또한 신라의 법흥왕이 독자적으로 자신의 연호(年號, 군주국가에서 군주가 자기가 다스린 해 동안에 붙이는 칭호)를 사용한 것을 두고 "중국에 신하로서 속해 있는 한쪽 구석의 작은 나라는 본래 사사로이 연호를 지어 쓰지 못하는 것이다. 신라와 같이 한마음으로 중국을 섬기고 사신과 공물의 길에 이어지는 나라의 왕이 스스로 연호를 사용한 것은 잘못된 일이다."라고 쓴다. 신라는 신하의 나라인데 진짜 왕이 다스리는 중국만이 쓸 수 있는 연호를 사용한 것은 건방진 일이라고 생각한 유학자 김부식의 생각을 읽을 수 있다.

지금까지 본 것처럼, 신라의 뿌리를 둔 유학자로서 신라 중심, 중국 중심의 역사서를 쓴 김부식의 예는 역사 서술은 역사가의 주관적 위치에 영향을 받을 수밖에 없다는 것을 증명한다.

자유로운 형식과
불교 중심의 역사서 《삼국유사》

그렇다면 《삼국유사》는 일연과 어떤 관계가 있을까? 우선 《삼국유사》의 형식을 한번 살펴보자. 《삼국사기》가 중국의 사마천이 쓴 《사기》처럼 기전체로 쓰인 역사서인 데 반해 《삼국유사》는 좀 더 자유로운 형식으로 쓰였다. 학자이자 정치가였던 김부식과 달리 일연은 불교 승려였기 때문에 기전체를 탈피해 좀 더 자유롭게 역사를 서술할 수 있었다. 《삼국유사》의 '유사(遺事)'라는 말 자체가 《삼국사기》에서 다루지 않거나 자세히 쓰지 않은 것들을 보완

한다는 의미를 담고 있다. 이처럼 누가 역사 서술을 하였느냐의 차이, 즉 역사가의 차이가 역사 서술 방식의 차이를 가져오기도 한 것이다.

《삼국유사》는 삼국 시대부터 통일신라 이후 후삼국 시대까지 역대 왕의 재위 기간 등을 간략하게 기록한 연표인 〈왕력(王曆)〉편, 역사와 신화, 전설 등을 다룬 〈기이(紀異)〉편, 고구려, 백제, 신라의 불교 전파 과정을 서술한 〈흥법(興法)〉편, 탑과 불상 등 불교 사적 유래를 설명한 〈탑상(塔像)〉편, 원광, 의상 등 신라 고승의 열전과 교리를 제시한 〈의해(義解)〉편, 주술능력을 가진 승려들의 활약상을 서술한 〈신주(神呪)〉편, 불교 신앙이 깊은 일반인이 기적을 일으킨 이야기를 소개하는 〈감통(感通)〉편, 속세를 떠나 깊은 도를 닦는 승려들의 발자취를 짚은 〈피은(避隱)〉편, 효도와 선행에 대한 미담을 실은 〈효선(孝善)〉편으로 이루어져 있다.

이런 《삼국유사》의 형식에서도 알 수 있는 것처럼 《삼국유사》에는 불교와 관련된 이야기가 주를 이룬다. 왜 그럴까? 당연히 일연이 불교 승려이기 때문이다. 역사가로서 일연은 승려라는 자신의 정체성을 반영하여 역사를 서술한 것이다. 다음과 같은 대목을 보자.

덕망 있는 승려 '점개'가 복을 빌며 말하기를, "그대는 보시(자비의 마음으로 다른 이에게 아무런 조건 없이 베풀어 주는 것)를 좋아하시니 천신이 항상 보호해 주실 것입니다. 하나를 보시하면 만 배를 얻고 장수하실 것입니다."라고 했다. 대성이 이 말을 듣고 기뻐하여 집으로 뛰어와 어머니께 말씀드렸다. "제가 문 밖에서 스님이 하는 말을

들었는데, 하나를 보시하면 만 배를 얻는다고 합니다. 생각해 보니
저는 전생에 좋은 일을 한 적이 없어 지금 이렇게 가난한 것입니다.
지금 보시를 하지 않으면 다음 생은 더욱 가난해질 것입니다. 우리
의 작은 밭이라도 법회에 보시하여 뒷날의 보답을 기다리는 것이
어떻겠습니까?" 했다. 어머니가 좋다고 하자 밭을 절에 바쳤다.

— 〈효선〉 '대성이 전생과 이생의 부모에게 효도하다'

이런 기록을 통해 승려였던 일연은 불교를 통해서 고통과 억
압에 시달리는 백성들에게 구원의 희망을 주려 했다는 것을 알 수
있다. 물론 읽기에 따라서는 지금 현세에서 받고 있는 고통을 종
교적인 내세의 희망을 통해서 해결하려는 점을 비판할 수도 있지
만, 이 역시 역사는 역사가의 주관적 해석에 영향을 받아 서술된
다는 것을 뒷받침한다.

백성들 사이에 전래되던 신화까지도
역사의 범주 안으로

한편 일연은 《삼국사기》에서 김부식이 보여 주었던 합리를 추구
하는 유교적 정치사관에서 벗어나, 과감하게 일반 백성들 사이에
전래되던 신화, 설화, 민담, 향가까지도 역사에 포함시켰다. 이러
한 이야기 중에 우리가 잘 아는 '연오랑과 세오녀'도 《삼국유사》
에 기록되어 있다.

제8대 '아달라' 왕이 즉위한 지 4년인 정유년(서기 157년)에 동해

바닷가에 연오랑과 세오녀 부부가 살고 있었다. 하루는 연오랑이 바다에 나가 해초를 따고 있었는데, 갑자기 바위 하나가 나타나더니 그를 태우고는 일본으로 갔다. 그러자 일본 사람들이 그를 보고 말하였다. "이 사람은 예사로운 사람이 아니다." 그러고는 그를 왕으로 삼았다. 남편이 돌아오지 않자 세오녀는 바닷가에 가서 남편을 찾다가 남편이 바위 위에 벗어 놓은 신발을 발견하였다. 그녀 역시 바위 위로 올라갔더니 바위는 또 이전처럼 그녀를 싣고 일본으로 갔다. 그 나라 사람들이 이를 보고 놀라 왕에게 이 사실을 알렸다. 부부는 다시 만나게 되고 세오녀는 왕비가 되었다.

이때 신라에서는 해와 달이 빛을 잃었는데, 일관(하늘의 조짐을 살피고 점을 치는 일을 담당한 사람)이 왕께 아뢰었다. "해와 달의 정기가 우리나라에 내려와 있었는데, 이제 일본으로 가 버렸기 때문에 이런 기이한 일이 생긴 것입니다." 왕은 사신을 일본에 보내 두 사람에게 돌아오기를 청하였다. 그러자 연오랑이 말하였다. "내가 이 나라에 오게 된 것은 하늘의 뜻인데 지금 어떻게 돌아가겠습니까? 그대신 왕비가 짜 놓은 비단이 있으니, 이것을 가지고 가서 하늘에 제사를 지내면 될 것입니다." 그러고는 비단을 주었다. 그 말대로 제사를 지냈더니 해와 달이 예전처럼 빛을 되찾았으므로 그 비단을 임금의 창고에 간직하고 국보로 삼았다.

— 〈기이〉 '연오랑과 세오녀'

우선 이 이야기를 통해서 우리는 무엇을 알 수 있을까? 물론 이 이야기는 고대에 우리나라와 일본 사이에 교류가 있었다는 사실을 짐작하게 한다. 그런데 좀 이상하지 않은가? 이런 신화와 민

담도 과연 '역사'라고 할 수 있을까? '연오랑과 세오녀'의 이야기가 실제로 있었던 일은 아닐 텐데, 역사는 실제로 있었던 사실만을 기록해야 하는 것은 아닌가?

3
신화는
역사가 될 수 있을까?

김부식이 쓴 《삼국사기》에는 단군 이야기가 빠져 있다. 왜 그럴까? 합리주의자였던 김부식은 《삼국사기》에서 옛날 기록 가운데 신비스럽거나 황당해 보이는 부분들은 삭제하거나 손질해서 서술했다. 김부식은 역사는 그렇게 신비롭거나 비현실적인 이야기를 담아서는 안 된다고 생각했다. 물론 《삼국사기》 역시 삼국의 기이한 건국신화를 서술하고 있기는 하지만 그런 이야기들은 기괴하여 믿을 수 없다는 입장을 분명히 밝힌다.

이와 반대로 일연의 《삼국유사》는 신화적 이야기를 모은 〈기이〉로 역사 서술을 시작한다. 심지어 《삼국유사》는 이런 신화적 이야기를 기록한 〈기이〉편이 절반이 넘는다. 〈기이〉의 첫 부분은 다음과 같다.

옛날 성인들은 예(禮)와 악(樂)으로 나라를 세우고 인의(仁義)로 백성을 가르쳤다. 그런 이유로 괴상한 일, 어지러운 일, 귀신에 대해서는 말하지 않았다. 그러나 제왕이 일어난 때는, 제왕이 되려는 하

늘의 명령을 받고 미래를 점치는 예언서를 받았기 때문에 반드시
보통 사람과는 다른 점이 있었다. 이렇게 된 후에야 제왕의 대업을
이룰 수 있는 것이다. 이런즉 삼국의 시조가 모든 신비스러운 데서
나왔다고 하는 것이 어찌 괴이하다고 하겠는가? 신비스러운 이야
기인 〈기이〉편을 이 책의 첫머리에 싣는 의도가 여기에 있다.

— 〈기이〉 '서문'

일연은 여기서 신비스러운 이야기를 역사로 기록하는 것이
전혀 이상하지 않다고 말한다. 그런 후에 일연은 바로 단군 이야기
를 서술한다. 이상하지 않는가? 우리는 '역사' 시간에 단군 '신화'를
배운다. 역사는 과거에 실제로 있었던 '사실'을 말하는 것인데, 신
화는 실제로 있었던 이야기가 아니다. 그런데 왜 이런 신화를 우리
는 역사 시간에 배우는 것일까? 신화도 역사가 될 수 있을까?

그 질문에 대한 답은 사람마다 다를 수 있지만 분명한 것은
일연은 실제로 일어난 사실만이 역사라고 생각하지 않았다는 것이
다. 일연은 그러한 사실 '너머'에 우리 상상력을 자극하고 우리
의 '사실에 대한 인식'을 더 풍부하게 해 주는 또 다른 세계가 존재
한다고 믿었다. 이러한 일연의 역사관은 김부식이 가지고 있던 합
리적 역사관과 충돌한다. 일연이 《삼국유사》에서 '합리적 사실'이
라는 이름으로 김부식이 삭제해 버렸던 '비합리적이고 신화적인
사실들'에 새로운 가치들을 부여한 덕분에 우리는 사실과 신화에
대한 일반적인 생각을 넘어설 수 있게 된다. 즉 《삼국유사》는 '역
사=사실', '신화=허구'라는 이분법적 사고를 넘어설 수 있게 해 주
는 것이다.

앞서 《삼국유사》의 '유사'는 《삼국사기》에서 빠뜨린 것을 서술한다는 의미라고 했다. 김부식이 빠뜨린 것을 일연이 《삼국유사》에 담고자 한 세계는 바로 합리성의 세계에 담기지 않는 비합리적인, 그렇지만 역사를 읽는 독자에게 말을 거는 세계인 것이다. 이런 차이는 동시에 두 역사서가 쓰인 고려 시대의 유교적 세계관과 불교적 세계관의 차이를 드러낸다고도 할 수 있다.

정리해 봅시다

지금까지 우리는 카의 《역사란 무엇인가》라는 '안경'을 끼고 김부식의 《삼국사기》와 일연의 《삼국유사》를 살펴보았습니다.

카는 역사를 이해하기 위해서는 역사가를 먼저 이해해야 하고, 역사가를 이해하기 위해서는 역사적 상황을 이해해야 한다고 말했지요. 《삼국사기》와 《삼국유사》 모두 고구려, 백제, 신라의 역사를 대상으로 했지만 두 역사책의 내용과 저술방식이 다른 이유는 이 역사서들이 쓰인 시대적 상황에 영향을 받았다는 것을 카의 안경을 끼고서 알게 되었습니다.

즉 《삼국사기》는 나라의 질서가 무너진 시대적 상황 속에서 신화와 백성이 왕에게 해야 할 도리 등을 강조하면서 고려의 질서를 세우려고 했고, 《삼국유사》는 외세의 침략에 자존감을 잃은 백성들에게 고려의 주체성과 독자성을 보여 주려고 했지요.

또 두 역사책을 쓴 역사가인 김부식과 일연 역시 두 역사서의 차이를 만들어 낸 원인이라는 것을 살펴보았습니다. 신라 출신의 유학자였던 김부식은 신라 중심, 중국 중심의 역사 서술을, 승려였던 일연은 기이한 이야기가 실린 불교 중심의 역사 서술을 하였지요.

이와 같이 똑같은 시대를 기술한 역사서라도 어떤 시대적 상황에서 어떤 역사가가 썼느냐에 따라 역사의 내용과 서술방식은 달라질 수 있습니다. 우리가 학교에서 역사를 배우고 또 다양한 역사책을 읽는 이유는 역사를 보는 이러한 나만의 비판적 관점을 가지기 위해서입니다. '역사는 과거와 현재의 대화'라는 카의 말도 이런 관점에서 이해할 필요가 있습니다.

	《삼국사기》	《삼국유사》
역사적 상황과 역사서와의 관계	• 국가 질서 확립	• 민족의 자긍심 고취
역사가와 역사서	• 신라 중심 • 중국 우호적	• 불교 중심
형식과 내용	• 기전체 • 신비적인 내용 배제	• 자유로운 형식 • 신화 포함

3장
국가는 왜,
어떻게 만들어졌을까

• 홉스《리바이어던》• 로크《통치론》• 루소《사회계약론》

토마스
홉스
Thomas Hobbes
1588~1679

존
로크
John Locke
1632~1704

장 자크
루소
Jean Jacques Rousseau
1712~1778

● 영국의 철학자.

홉스 스스로 "공포와 나는 쌍둥이로 태어났다"고 말할 만큼 영국의 혼란한 시대에 태어났다.
옥스퍼드대학을 졸업한 뒤 카번디시 가문의 가정교사로 취직했다.
영국에서 왕당파와 의회파의 갈등이 심해지자 왕당파 소속이었던 홉스는
11년간 프랑스에서 망명 생활을 하였다. 이 시기에 《리바이어던》을 출판하지만
이 때문에 홉스는 종교를 부정하는 무신론자라는 비난을 받았다.
'만인의 만인에 대한 투쟁'이라는 말로 잘 알려진 《리바이어던》은
'사회계약론'을 체계화한 최초의 책이며 이후 정치철학에 큰 영향을 미친 고전이다.
'리바이어던'은 성서에 나오는 강한 힘을 가진 상상 속의 괴물로 강력한 국가 권력을 상징한다.

● 영국의 철학자·정치사상가.

인간은 '백지상태(tabula rasa)'로 태어나 경험을 통해서 지식을 얻게 된다는
경험론 철학의 선구자이다. 대학에서는 주로 의학을 공부했으며,
샤프츠베리 백작의 병을 치료해 준 것이 계기가 되어 영국 정치의 격랑에 휩싸이게 되고
네덜란드에서 오랫동안 망명 생활을 하였다. 영국으로 돌아온 후 익명으로 《통치론》을 출판했는데,
저자가 로크라는 사실은 공공연한 비밀이었다고 전해진다.
로크는 이 책에서 왕의 권한은 신에게서 나온다는 왕권신수설을 반박하고,
사유재산과 국민의 저항권을 인정한다. 《통치론》에 나타난 이러한 로크의 사상은
이후 프랑스 인권선언이나 미국 독립선언에 큰 영향을 미쳤다.

● 프랑스의 사상가이자 소설가.

정식 교육을 거의 받지 못했지만 계몽주의 학자들과 교류하면서 저술활동을 시작했다.
루소는 문명과 인위적 사회제도에 반대하고 자연으로 돌아갈 것을 주장했다.
말년에는 사람들이 자신을 배신하고 해칠지도 모른다는 불안감으로 망상에 시달렸으며,
급진적인 사상 탓에 망명 생활을 하기도 했다.
《사회계약론》은 교육철학을 담은 소설인 《에밀》과 함께 루소의 대표적인 작품으로,
개인의 자유와 평등이 보장되는 직접민주주의 국가를 제시한다.
이 책은 이후 정치사상에 큰 영향을 끼친 고전으로 프랑스혁명의 사상적 지주가 되었다.

이 글을 읽는 여러분 대부분은

대한민국 국민일 것이다.

즉 '대한민국'이라는 국가에 속해 있는 사람들이다.

그럼 대한민국이라는 국가는 언제, 어떻게 생긴 것일까?

물론, 1945년 일본에서 해방되어

처음 대한민국 정부가 수립되었다고 말할 수 있다.

하지만 그 전에도 '우리나라'라고 할 수 있는 국가가

상해임시정부와 조선, 고려, 통일 신라 등등이

있었다는 것을 역사 시간에 배웠을 것이다.

그럼 단군 할아버지가 세우셨다는

고조선이 최초의 '국가'일까?

고조선은 한반도의 최초의 국가였지만

인류 최초의 국가는 아니다.

그렇다면 최초의 국가는 어떻게,

그리고 왜 생긴 것일까?

이런 질문들에 대한 답을 주는 고전들이 있다.

바로 '사회계약론'을 주장한 홉스의 《리바이어던》,

로크의 《통치론》, 루소의 《사회계약론》이다.

이번 장에서는 이 고전들을 통해서

국가가 어떻게 탄생하게 되었는지 살펴보도록 하자.

리바이어던

국가가 생긴 이유는 여러 가지가 있을 수 있겠지만, 가장 쉽게 생각할 수 있는 이유는 사람이 혼자서는 살아갈 수 없기 때문이다. 내가 원하는 것을 나 혼자 다 만들어 낼 수는 없기 때문에, 다른 사람들과 필요한 것을 서로 교환하기도 하고 또 원하는 것을 만들기 위해서 다른 사람들과 분업도 하다 보니 자연스럽게 국가라는 공동체가 생겼다는 것이다.

다음 장에서 플라톤의 《국가》를 다루면서 살펴보게 될 예를 미리 한번 살펴보자. 사람이 필요한 모든 것을 스스로 해결하며 산다는 것은 매우 어려운 일이다. 우선 배가 고프니 먹을 것을 구하려면 사냥을 하든지 고기를 잡든지 농사를 지어야 한다. 잠잘 곳도 필요하니 집도 만들어야 한다. 환경으로부터 몸을 보호할 옷과 신발도 필요하고, 사냥이나 농사를 할 때 이용할 도구도 만들어야 하고… 등등. 이렇게 하려면 우리의 일생이 의식주를 해결하는 데 다 사용될 수밖에 없다. 그래서 한 사람이 모든 일을 하는 것보다는 집을 짓는 사람, 농사를 짓는 사람, 옷을 만드는 사람이 모여서 각자의 생산품을 서로 교환하는 게 훨씬 더 효율적이다. 이렇게 분업을 하기 위해서는 자연스럽게 사람들이 필요하고 그렇게 모인 공동체가 커져서 국가가 형성되었다는 것이다.

하지만 국가가 생겨난 이유에 대해서 아주 다르게 생각한 사람들이 있었는데, 이 사람들에 따르면 국가 혹은 정부는 여러 사람이 '계약'을 해서 생겼다는 것이다. 이러한 생각을 '사회계약론'이라고 부른다. 아니, 국가가 회사도 아니고 보험도 아닌데 '계약'을 통해서 만들어졌다고? 그런데 주위를 둘러봐도 우리 중에 아무도 국가 혹은 정부와 '계약'을 한 사람이 없는 것 같다. 우리가 태어나기 전에 할아버지, 할머니가 계약을 했을까? 그것도 아닌 것 같다. 그럼 이들이 말하는 '사회계약론'은 어떤 것일까?

우리가 살펴볼 홉스, 로크, 루소 같은 사람들이 사회계약론을 주장했는데, 이들은 공통적으로 국가가 생기기 전에 사람들은 '자연 상태'에 살고 있었다고 말한다. 그럼 '자연 상태'라는 것은 어떤 상태일까? 여러분은 '자연 상태'라는 말을 들으면 어떤 이미지가 떠오르는가? 어떤 사람은 아담과 하와가 살았던 평화로운 '에덴 동산'과 같은 자연의 이미지를 떠올릴 수도 있고, 어떤 사람은 텔레비전에서 자주 보는 '동물의 세계'처럼 처절하게 약육강식의 논리가 지배하는 자연의 이미지를 떠올릴 수도 있을 것이다. 두 이미지 모두 얼마간 우리가 살펴볼 사회계약론자들이 말하는 자연 상태를 보여 준다.

이런 이미지들을 잘 기억하면서 홉스, 로크, 루소는 어떻게 자연 상태를 그리고 있는지 한번 살펴보도록 하자. 그러고 나면 왜 사회계약론을 주장하는 사람들이 국가 혹은 정부가 '계약'을 통해서 만들어졌다고 했는지 이해할 수 있을 것이다.

1
홉스가 생각한 자연 상태—
'만인의 만인에 대한 투쟁'

왜 투쟁할까

'만인의 만인에 대한 투쟁'이라는 말을 많이 들어 봤을 것이다. 이 말을 한 사람이 바로 홉스다. 그것은 홉스가 쓴 《리바이어던》에 나온다. 그런데 무슨 말일까? 말 그대로 모든 사람이 모든 사람과 싸운다는 의미일 것이다. 사람들끼리 모여 사는 사회가 언제나 그렇듯이 경쟁사회이기 때문에 모두가 서로 경쟁하고 싸우며 살아간다는 의미일까? 아니다. 홉스가 생각한 의미는 인간이 국가가 존재하기 전 '자연 상태'에서 살았을 때, 말 그대로 내가 살기 위해서 다른 사람과 목숨을 걸고 투쟁하며 살았다는 뜻이다. 그렇다면 왜 인간은 '자연 상태'에서 서로를 못 잡아먹어서 안달이었을까?

서부 영화의 한 장면을 생각해 보자. 서부개척시대에 사람들이 미국 서부로 몰려든 이유는 서부에서 금이 발견되었기 때문이다. 금을 먼저 손에 넣으면 누구나 부자가 될 수 있다는 생각을 했다. 물론 금을 차지하려는 사람은 누구나 평등했기 때문에, 자기가 할 수 있는 모든 수단과 방법을 동원해서 금을 손에 넣으면 되었다. 하지만 모든 사람이 다 금을 차지할 수는 없었는데, 왜냐하면 금의 양이 모든 사람에게 돌아갈 만큼 많지는 않았기 때문이다. 그래서 서로가 서로의 경쟁자일 수밖에 없고, 또 이들을 통제할 질서도 없었기 때문에 서부는 총잡이들로 가득 찬 무법천지가 되고 말았다. 서부개척시대 사람들은 자신이 원하는 것을 차지하기 위해서 목숨을 걸고 다른 사람과 싸워야만 했고, 그러한 개인들의 결투 말고는 갈등을 해결할 수 있는 수단도 없었다. 또 서부개척시대가 무법천지였던 이유 중의 하나는 다른 사람과 결투를 벌여 서부 최고의 총잡이라는 명성을 듣고자 하는 '허영심'도 있었을 것이다.

홉스가 생각한 '자연 상태'도 이와 다르지 않다. 자원의 부족과 자신이 다른 사람보다 더 우월하다는 인간의 허영심이 자연 상태를 '전쟁 상태'로 만든 것이다. 그래서 홉스는 《리바이어던》에서 자연 상태에 대해 다음과 같이 말한다.

> 자연은 인간을 신체적으로나 정신적으로나 평등하게 만들었다. 이렇게 능력이 평등하기 때문에 자신의 목적을 달성하려는 똑같은 희망이 생기게 된다. 따라서 두 사람이 같은 것을 가지려고 하지만 두 사람 모두 그것을 가질 수는 없을 때 그 둘은 적이 되고 상대방을 파괴하거나 굴복시키려고 한다. 그래서 인간은 모든 사람을 떨게 만드는 공통의 권력이 존재하지 않는 곳에서는 전쟁 상태에 들어가게 된다. 이 전쟁은 '만인의 만인에 대한 투쟁'이다. 이러한 전쟁 상태에서 발생하는 모든 일은 만인이 만인에 대해 적인 상태이기 때문에 어떤 안전대책도 존재하지 않는다.
> — 1부 13장 '인간의 자연 상태에 대하여'

그런데 '내 것'을 빼앗는 사람은 나쁜 사람이고, 그렇다면 그 나쁜 사람을 잡아서 처벌하면 될 텐데 왜 그렇게 서로들 힘들게 싸우는 것일까? 홉스는 자연 상태에서는 애초에 나쁜 것, 좋은 것을 가리는 것이 무의미하다고 말한다.

> 만인이 만인에 대하여 전쟁을 벌이고 있는 상황에서는 정의롭지 않은 것은 아무것도 없다. 왜냐하면 옳고 그름, 정의와 불의 같은 개념들은 전쟁 상태에서는 존재하지 않기 때문이다. 정의나 불의는 사회생활을 하는 인간들과 관계있는 성질이지 고립적으로 존재하는 인간들과는 아무런 관계가 없다. 또한 전쟁 상태에서는 소유권이나 지배권도, 내 것과 네 것의 구별도 존재하지 않는다. 손에 넣을 수 있는 모든 것이 자기 것이며, 또 자기 것으로 유지할 수 있는 동안에만 자기 것이다. ─ 1부 13장 '인간의 자연 상태에 대하여'

홉스는 세상에 원래 좋은 것, 정의로운 것이 있다고 생각하지 않았다. 나에게 도움이 되는 것이 좋은 것이고 나에게 좋은 것이 정의로운 것이다. 예를 들어, 어떤 칼이 있다고 해 보자. 홉스에 따르면, 이 칼 자체는 좋지도 나쁘지도 않다. 그런데 내가 이 칼로 과일을 깎아 먹을 수 있다면 이 칼은 나에게 좋은 것이다. 하지만 동생이 그 칼에 손을 베였다면 그 칼은 동생에게는 나쁜 것이다. 즉, 나에게 좋은 칼이 동생에겐 나쁜 칼이 될 수 있는 것이다. 정의로운 것, 정의롭지 않은 것도 마찬가지다. 나에게 도움이 되는 것이 정의로운 것이고 해가 된다면 불의한 것이다. 따라서 세상에 원래부터 정의로운 것이 존재하지 않으니 홉스가 생각한 자연 상태에서는 서로 자기에게 좋을 대로 행동하게 되고 결국 사람들은 서로서로 충돌할 수밖에 없다.

물론 이런 질문이 있을 수도 있다. 객관적인 정의가 없다고 하더라도 서부 영화의 결투장면처럼 그렇게 개인과 개인이 목숨 걸고 싸우지 말고, 제3자에게 문제를 해결해 달라고 요청하면 되지 않을까? 하지만 앞에서 본 것과 마찬가지로, 각자가 각자의 방식대로 옳고 그름을 판단하니 제3자의 말 역시 그 사람에게만 옳은 이야기가 될 수밖에 없다. 친구 사이의 말다툼에 제3자가 끼어들어 중재하려고 할 때, 그 친구들이 '네가 뭔데 우리 일에 끼어들어'라고 말한다면 해결할 도리가 없는 것과 마찬가지다. 또한 자연 상태에서는 모두가 자기 자신의 생존에만 골몰하고 있기 때문에 다른 사람들의 분쟁을 조정하려고 나설 여유가 있는 개인도 없다. 그래서 "전쟁 상태에서는 오직 폭력과 속임수만 있을 뿐이다."

전쟁 상태에서 유일한 해법은 살아남는 것

내가 살기 위해서, 다른 사람보다 더 힘이 있다고 생각하는 사람은 폭력과 강압을 휘두르면서, 힘이 부족한 사람은 다른 사람을 속이면서 살아갈 수밖에 없는 것이 '자연 상태'다. 이런 상태에서 산다고 상상하면 참 답이 없다. 그야말로 무법천지인 셈이다. 아무도 나를 보호해 줄 사람이 없으니 하루하루 살아가기가 너무나 불안할 것이다. 상대방이 언제 나를 해칠지 모르기 때문이다. 그래서 이러한 자연 상태에서 살아가는 사람의 가장 큰 목적이자 유일한 목적은 '살아남는 것'이 될 수밖에 없다. 그래서 홉스는 자연 상태에서 인간의 가장 기본적인 욕구는 '자기 보존'이라고 말했다.

홉스에 따르면 인간은 자연 상태에서는 지속적인 어떤 활동도 할 수가 없다. 내가 애써 농사를 지어 봐야 다른 사람이 와서 빼앗아갈 텐데 불안해서 어떻게 농사를 지을 수 있을까. 더군다나 하루하루 생존을 걱정하며 살아가는 사람에게 학문이나 예술 따위는 사치일 수밖에 없다. 따라서 자연 상태에서 인간은 하루하루 자기 목숨을 부지할 방법만을 찾으면서 동물처럼 살아갈 수밖에 없다. 그래서 "지속적인 공포와 잔인한 죽음의 위협 속에서 인간의 삶은 고독하고, 비참하고, 괴롭고, 잔인하고, 그리고 짧다."

자연 상태에 존재하는 최소한의 원칙, 자연법

이러니 사람들은 모든 사람이 모든 사람과 전쟁을 벌이는 '자연 상태'를 벗어나고 싶을 것이다. 하지만 방법이 있을까? 홉스가 말하는 자연 상태는 서로가 서로를 적대하는 사회이기는 하지만 개인들은 이성을 가지고 있다. 이 이성을 가지고 자기가 원하는 것을 가장 잘 얻을 수 있는 수단을 선택한다. 그런데 인간이 가진 이성은 평화를 얻을 수 있는 방법이 어딘가 있을 것이라고 말한다. 이것이 홉스가 말한 자연법이다. '자연법'이란 자연 상태에도 존재하는 최소한의 원칙이다. 다음은 홉스가 생각하는 자연법이다.

전쟁 상태에서는 누구도 자신에게 주어진 수명을 다 누릴 수 있다는 보장이 없다. 여기에는 강한 사람이든 약한 사람이든 예외가 없다. 그래서 다음과 같은 이성의 원칙이 등장한다. '모든 사람은, 달성할 수 있다는 희망이 있는 한, 평화를 얻기 위해서 노력해야 한다. 그리고 평화를 얻는 것이 불가능할 때는 전쟁에서 승리하기 위한 어떤 수단이라도 사용해도 좋다.'

— 1부 14장 '첫 번째, 두 번째 자연법과 계약에 대하여'

그럼 어떻게 이러한 자연법을 바탕으로 전쟁 상태를 끝내고 평화를 얻을 수 있을까? 나 혼자 평화롭게 살아야지 결심한다고 전쟁이 끝나지는 않을 것이다. 그래서 홉스는 사람들이 모여 자연 상태에서 가지고 있던 자신의 권리를 포기하는 '계약'을 맺는다고 말한다. 자, 나는 너희들을 해치지 않을 테니 너희도 나를 해치지 않기로 약속하는 '계약'을 하자. 그런데 누군가 이 계약을 어기면 어떻게 할까? 그래서 사람들은 누군가 계약을 위반했을 때 이를 처벌할 수 있는 힘과 권력을 가진 국가를 만들기로 또 '계약'을 한다. 이것이 바로 홉스가 말하는 '사회계약'이고, 사회계약을 통해서 국가가 탄생한다.

2
홉스의 사회계약 ─
신의계약

나를 지켜 줄
막강한 힘을 소환하다

홉스에 따르면, 이렇게 '만인에 대한 만인의 투쟁'을 끝내기 위해 사람들은 자연 상태에서 가지고 있던 권리를 '계약'을 통해서 '국가'에게 넘겨준다. 홉스는 이 국가를 '리바이어던'이라고 불렀다. 홉스가 자신의 책 제목을 '리바이어던'이라고 한 것은 바로 이런 이유에서이다. 리바이어던은 원래 성경에 나오는 상상 속의 바다 괴물이다. 성경 속에서 리바이어던은 막강한 힘을 가진 괴물로 묘사되는데, 계약을 통해서 탄생한 국가도 이처럼 막강하다는 의미일 것이다.

소개한 그림은 홉스의 《리바이어던》의 표지 그림이다. 칼을 들고 왕관을 쓴 거대한 인물이 바로 국가를 상징하는 '리바이어던'이다. 물고기 비늘처럼 보이는 리바이어던의 몸은 자세히 보면 사람들로 빽빽하게 채워져 있다. 이것은 리바이어던 즉 국가가 만들어진 것이 사람들이 자신의 권리를 넘겨주는 '계약'을 통해서 탄생했다는 것을 나타낸다. 또 리바이어던은 한 손에 칼을 쥐고 있다. 이 칼은 국가가 지닌 강력한 힘과 권력을 상징한다.

이 표지 그림은 홉스가 생각한 계약이 어떤 성격인지를 잘 나타낸다. 애초에 사람들이 자연권을 넘긴 이유는 만인의 만인에

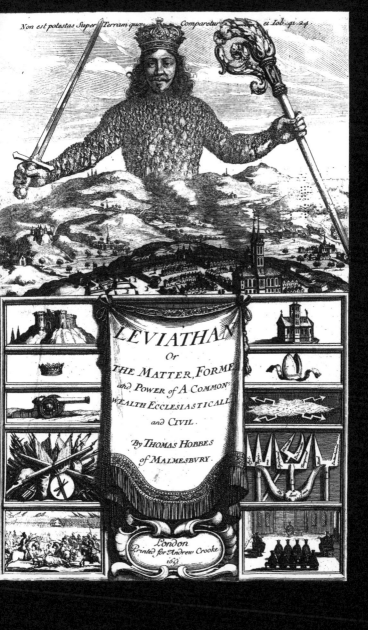

Non est potestas Super Terram quæ Comparetur ei Iob. 41. 24.

LEVIATHAN
Or
THE MATTER, FORME
and Power of A COMMON-
WEALTH ECCLESIASTICALL
and CIVIL.

By THOMAS HOBBES
of MALMESBVRY.

London
Printed for Andrew Crooke
1651

대한 투쟁 상태인 자연 상태에서 살아가는 것이 너무 힘들고 괴로 웠기 때문이다. 그래서 사람들끼리 모여서 평화롭게 살자고 계약도 해 봤지만 약속을 안 지키는 사람이 나왔을 때 이를 바로잡을 방법이 없었다. 그래서 '국가'에게 나의 자연권을 넘겨준다.

> 외부의 침입과 사람들 사이의 분쟁을 막을 수 있는 공통의 권력을 세우는 유일한 방법은 사람들이 가지고 있는 모든 권력과 힘을 '한 사람' 또는 '하나의 합의체'에 넘겨주는 것이다. 이것은 동의나 합의 이상의 것이며 계약을 통해 하나의 존재로 결합되는 것이다. 이것은 마치 모든 사람이 서로에게 다음과 같이 말하는 것과 같다. "나는 나 스스로를 통치하는 권리를 이 사람 또는 이 합의체에 완전히 넘겨줄 것을 승인한다. 단 너도 너의 권리를 넘겨주고 그의 모든 활동을 나와 마찬가지로 승인한다는 조건하에서 그렇게 하겠다." 이것이 성공하여 다수의 사람이 하나로 통일되었을 때 이를 국가라고 부른다.
>
> ─ 1부 17장 '정치적 공동체의 원인, 생성 및 정의에 대하여'

물론 이 계약이 잘 이행되려면, 또 국가가 나를 잘 지켜 주려면 국가의 권력과 힘은 막강할수록 좋다. 우리가 어떤 사람에게 우리의 권리를 넘겼는데 그 사람이 아무 힘이 없는 사람이라면 나중에는 아무도 계약을 지키려고 하지 않을 것이기 때문이다. 또 국가가 강력한 힘을 가지고 있어야 그 국가 안에 있는 사람들 사이의 분쟁을 해결해 줄 수 있을 뿐만 아니라 다른 국가의 위협으로부터도 나의 생명을 보호해 줄 수 있을 것이다.

절대적 복종이
절대적 권력을 만든다

그럼 국가의 힘이 막강해지려면 어떻게 해야 할까? 홉스는 국민이 국가의 명령에 철저하게 복종해야만 한다고 말한다. 그래서 홉스는 국가는 어떤 일을 해도 괜찮으며 국가의 명령이 무엇이든 국민은 그 명령에 복종해야만 한다고 말한다. 따라서 홉스가《리바이어던》에서 그리고 있는 국가는 왕이 막강한 권력을 가지고 있는 절대왕정 국가라고 할 수 있다. 옛날 우리나라에서 왕이 다스리던 시대에 왕이 아무리 이상한 명령을 하더라도 신하나 백성들이 반드시 따라야 했듯이 말이다. 홉스는 국가, 즉 리바이어던은 전능한 하늘의 신처럼 '지상의 신'과 같다고 말한다.

이렇게 해서 저 위대한 리바이어던이 탄생하는 것이다. 아니 이보다는 차라리 영원불멸의 하느님 아래 인간에게 평화와 방위를 보장해 주는 '지상의 신'이 태어났다고 말해야 할 것이다. 이 지상의 신은 모든 개인이 부여한 권한을 가지고 사람들 사이의 평화를 유지하고 공동방위를 위해 모든 사람의 힘과 수단을 사용한다.
— 1부 17장 '정치적 공동체의 원인, 생성 및 정의에 대하여'

이처럼 자연 상태에서 우리가 가지고 있었던 '자연권', 즉 모든 수단을 사용해서 우리 자신을 보존할 수 있는 권리를 계약을 통해 국가에 넘김으로써 자연 상태를 벗어나게 되었다고 하는 것이 홉스가《리바이어던》에서 하고 싶었던 주장의 핵심이다.

하지만 여기서 의문이 하나 생긴다. 계약은 당사자 간에 하는 것인데, 내가 권리를 넘기는 대상인 국가는, 계약 이후에 존재하게 되는 것이니 계약할 당시에는 아직 존재하지 않은 게 아닌가? 예를 들어, 내가 가진 권리를 아직 태어나지 않은 내 동생에게 넘길 테니까 내 동생이 커서 나를 보호해 주면 좋겠다고 생각한다, 그렇다고 해서 아직 태어나지 않은 동생과 계약을 맺을 수는 없다. 홉스는 그래서 사람들이 국가와 맺은 계약을 '신의계약(covenant)' 또는 '신약'이라고 한다. 말이 좀 어렵지만, 쉽게 설명하면 내가 국가와 계약을 맺으며 나의 권리는 지금 넘기지만 국가는 지금이 아닌 국가가 생기고 나서 나를 보호해 주겠다고 약속하는 것이다. 즉 신약은 일종의 '신용계약'인 것이다.

마지막으로, 계약을 '자발적으로' 했으니 계약 파기도 자발적으로 할 수 있을까? 나는 이 국가가 마음에 안 드니 계약을 파기하겠어, 라고 말할 수 있느냐는 질문이다. 홉스는 그럴 수 없다고 말한다. 왜냐하면 그럴 경우 자연 상태에 있을 때처럼 서로가 서로를 물어뜯는 전쟁 상태에 접어들 수 있기 때문이다. 홉스는 아무리 국가가 국민을 괴롭게 하더라도 서로가 서로에 대해 투쟁을 벌이던 무질서로 돌아가는 것보다는 낫다고 생각했다. 따라서 국가가 외부의 침입에서 국민을 보호해 주지 못할 만큼 아주 허약하여 외부의 침입으로 인하여 붕괴되지 않는 이상 계약을 되돌릴 수는 없다.

통치론

1
로크가 생각한 자연 상태―
재판관의 부재

**인간은 자연 상태에서
평등하고 자유롭다**

로크 역시 《통치론》에서 홉스처럼 인간은 국가
또는 정부를 만들기 전에 '자연 상태'에서 살았다고 말한다. 하지만
로크는 홉스와 달리 자연 상태가 만인의 만인에 대한 투쟁이라고
생각하지 않았다. 로크에게 자연 상태는 평등하게 태어나고 이성
을 가진 개인이 다른 사람의 간섭을 받지 않고 '자유롭게' 살아가
는 상태이다. 그래서 로크는 자연 상태를 다음과 같이 설명한다.

> 자연 상태란 사람들이 다른 사람의 허락이나 의사와 상관없
> 이, 자연법의 범위 안에서 자신이 적절하다고 생각하는 대로 행동
> 하고 자신의 소유물과 자신의 신체를 처분할 수 있는 완전한 자유
> 의 상태이다. — 2장 '자연 상태에 대하여'

이처럼 로크의 자연 상태는 '완전한 자유의 상태'이면서 또 평등한 상태이기도 하다. 그래서 로크는 다음과 같이 말한다.

> 자연 상태는 또한 평등한 상태이기도 하다. 왜냐하면 같은 종류의 피조물은 자연의 동일한 혜택을 받고 태어나 같은 능력을 가지고 있기 때문에 평등하다. ─ 2장 '자연 상태에 대하여'

로크가 생각하기에, 인간을 창조한 신은 모든 인간에게 인간으로서 가져야 할 것을 동일하게 주었다. 따라서 평등한 개인들은 다른 사람의 간섭을 받지 않고, 혹은 다른 사람의 지배를 받지 않고 내가 하고 싶은 대로 할 자유가 있는 것이다. 하지만 이러한 자유가 다른 사람에게 피해를 주어도 된다는 '방종'과는 다르다. 내가 교실에서 떠들 자유가 있다고 해서 다른 사람의 공부할 자유를 침해해서는 안 되는 것과 마찬가지다. 이것은 로크가 말한 '자연법' 때문인데, 이 자연법에 따르면 누구도 다른 사람의 생명, 재산, 자유를 해쳐서는 안 된다. 이런 면에서 로크의 자연 상태는 어느 정도 질서가 유지되고 있으며 이성이 작동하는 상태다.

로크가 그린 자연 상태에서 사람들은 자유와 평등을 누리면서 어느 정도 평화롭게 살아간다는 점에서 그의 자연 상태는 '전쟁 상태'로 그린 홉스의 자연 상태와는 다르다.

> 우리는 자연 상태와 (홉스의) 전쟁 상태 간의 확실한 차이를 알 수 있다. 홉스 같은 사람들은 그 차이를 혼동하기도 했다. 평화, 선한 의지, 상호협력, 보존이 증오하는 마음, 악의, 폭력, 상호파괴와

다르듯이 자연 상태와 전쟁 상태는 완전히 다르다. 자연 상태는 사람들 사이에서 옳고 그름을 판단할 권위를 가진 공통의 우월자 없이 사람들이 이성에 따라 함께 사는 상태이다. 반면에 전쟁 상태는 공통된 우월자가 없는 상태에서 다른 사람에 대해 힘을 사용하거나 힘을 사용할 의사를 드러내는 상태이다.

— 3장 '전쟁 상태에 대하여'

내가 노력해서 얻은 재산을 내 것으로 인정하라

홉스와의 차이뿐만 아니라, 로크가 생각하는 자연 상태에서 특이한 점은 개인의 재산을 인정한다는 것이다. 예를 하나 들어 보자. 친구들과 바다에 낚시를 하러 갔다고 해 보자. 바다의 물고기는 누구의 것일까? 로크에 따르면 바다의 물고기는 '공유물' 즉 모든 사람에게 동일하게 주어진 것이다. 왜냐하면 신은 자연을 창조하고 그것을 모든 사람에게 똑같이 주었기 때문이다.

신이 아담과 노아, 그리고 그의 자손에게 세계를 준 것에 대한 설명을 담고 있는 계시에 따르면, 신이 이 세계를 인류에게 공통적으로 준 것은 명백하다. — 5장 '재산권에 대하여'

신이 자연의 권리를 인간 모두에게 주었다면 그것은 '내 것'이 아니라 '모두의 것'일 텐데 그렇다면 '내 것'에 대한 권리는 어디에서 생기는 것일까? 로크에 따르면 바다에 있는 물고기는 모

두의 것이지만 내가 낚시를 해서 잡은 고기는 '내 것'이다. 왜 그럴까? 로크는 내가 잡은 물고기에는 나의 '노동'이 들어 있기 때문이라고 말한다. 즉 내가 그 고기를 낚기 위해서 바다까지 가서 미끼를 낚싯대에 끼우고 낚싯대를 바다에 던져서 물고기가 미끼를 물 때까지 기다렸다가 낚싯대를 들어 올린 것은 나의 노동이다. 이처럼 나의 노동이 들어간 것은 '내 것'이 된다는 로크의 생각을 어려운 말로 '노동가치설'이라고 한다. 내가 낚은 물고기는 바닷속의 물고기와 달리 새로운 가치를 획득하게 되는데, 그 가치를 만든 것이 나의 노동이라는 것이다. 그래서 로크는 "시냇가에 흐르는 물은 모두의 것이지만, 주전자에 있는 물은 그 물을 담은 사람의 것"이라고 말한다.

서로 내 것이라고 주장할 때 조정자는 누구?

그런데 이렇게 '내 것'이 있게 되면 자연히 문제가 생길 가능성이 높아진다. 어느 날 이웃집 찰스가 내가 낚은 물고기를 빼앗으러 올 수도 있고 아니면 숲 속에 토끼가 한 마리밖에 없는데 이웃집 찰스와 내가 동시에 발견했을 수도 있다. 이럴 때는 당연히 서로 다툼이 생기기 마련인데 자연 상태에서는 이 다툼을 해결할 방법이 없다. 따라서 로크의 자연 상태도 홉스의 자연 상태처럼 전쟁 상태로 변할 수 있는 가능성을 항상 지니고 있다. 그래서 로크는 다음과 같이 말한다.

권위를 가진 공통된 재판관이 없기 때문에 모든 인간은 자연 상태에 있게 된다. 또 재판관이 있든 없든 정당한 이유 없이 다른 사람에게 힘을 사용하는 것이 전쟁 상태를 초래한다. 자연 상태에서처럼 법이나 판단을 요청할 만한 권위를 가진 재판관이 없는 곳에서는 전쟁 상태가 일단 시작되면 언제라도 상대를 살해할 권리를 가지는 상태가 지속된다. ─ 3장 '전쟁 상태에 대하여'

로크의 자연 상태 역시 홉스의 자연 상태처럼 일단 사람들끼리 서로 다툼이 생기기 시작하면 이를 조정할 수 있는 방법이 없다. 홉스의 자연 상태에서 설명한 것처럼, 두 사람이 싸울 때 다른 사람이 끼어들면 '네가 뭔데'라는 소리만 들을 뿐이다. 즉 자연 상태에서는 분쟁을 해결할 '재판관'이 없는 것이다.

인간이 공동체를 결성하고 스스로를 정부의 지배하에 두고자 하는 가장 큰 목적은 자신의 재산을 보호하기 위해서이다. 그러나 자연 상태에서는 이런 목적을 달성하기에는 부족한 것이 많다. 첫째, 자연 상태에는 옳고 그름을 판단할 기준이자 사람들 사이의 분쟁을 해결하는 공통된 척도로 받아들여지는 법률이 없다. 둘째, 자연 상태에는 법에 따라 모든 분쟁을 해결할 수 있는 권위를 가진 재판관이 없다. 셋째, 자연 상태에서는 판결이 내려졌을 때 이것을 지지해 주고 적절하게 집행될 수 있게 하는 권력이 부족하다. 그래서 인류는 자연 상태에 존재하는 다양한 장점에도 불구하고 이러한 나쁜 조건 때문에 사회에 들어가려고 한다.
─ 9장 '정치사회와 정부의 목적에 대하여'

　여기서 로크는 자연 상태에 없는 세 가지를 열거한다. 첫째, 분쟁을 해결할 법률이 없고, 둘째 법률이 없으니 당연히 재판관도 없고, 셋째 어찌어찌하여 판결이 내려지더라도 이 판결을 강제할 장치가 없다. 로크의 자연 상태에서는 이런 것들이 없기 때문에 나의 생명, 재산, 자유를 다른 사람이 침범해도 해결할 방법이 없고, 결국 나는 내 생명, 재산, 자유를 보호하기 위하여 '내 것'을 침범하는 사람에게 직접 폭력을 휘두를 수밖에 없다. 이렇게 되면 로크의 '자연 상태' 역시 홉스의 자연 상태처럼 서로가 서로와 싸우는 '전쟁 상태'가 될 수밖에 없다. 그래서 "인류는 자연 상태에 존재하는 다양한 장점에도 불구하고 이러한 나쁜 조건 때문에 사회에 들어가려고 한다." 그럼 어떻게 자연 상태를 끝내고 사회에 들어갈 수 있을까? 그것은 홉스처럼 '사회계약'을 하는 것이다.

2
로크의 사회계약—
신탁계약

내 재산을 지켜 줄 수 있을 만큼만 권력을 주마

앞서 우리는 로크의 자연 상태에서는 사람들 사이에 다툼이 생겼을 때 이를 해결해 줄 '법률'과 '재판관'이 없다는 것이 문제임을 살펴보았다. 그래서 내 생명, 신체, 재산 등이 위험에 처할 수 있고 이를 보호하기 위해서 '계약'을 통해서 국가 혹은 정부를 만들어야 한다고 생각한다. 국가는 무엇보다도 '재판관'의 역할을 잘할 수 있어야 하는데, 그러기 위해서는 우선 사람들은 자신이 자연 상태에서 가지고 있던 권리, 즉 자신에게 피해를 주는 사람을 직접 심판하는 권리를 포기해야 한다. 스스로 재판관이 되어 타인을 처벌할 수 있는 권리를 포기하고 그 권리를 국가에게 넘기는 것이다.

물론 홉스의 국가와 마찬가지로 이렇게 만들어진 국가는 개인의 자유, 생명, 재산을 보호해 줄 수 있어야 한다. 그렇지 않으면 나의 권리를 넘길 이유도 없을 것이다. 따라서 로크에 따르면, 국가는 나의 생명, 자유, 재산을 침해해서는 안 된다. 이런 의미에서 홉스의 국가, 즉 리바이어던은 무제한의 절대적인 권력을 가지고 있었다면, 로크의 국가 역시 계약을 통해서 탄생했지만 그 권력과 권한에는 한계가 있다. 그래서 로크는 다음과 같이 홉스를 비판한다.

홉스와 같은 사람들은 통치자의 권력은 어떤 상황에서도 절대적이어야 한다고 생각한다. 이들은 이러한 절대자가 저지르는 해악에서 나 자신을 어떻게 보호할 수 있을까와 같은 질문을 분열과 반란의 목소리로 간주한다. 이러한 상황은 마치 인간이 자연 상태를 떠나 사회에 들어갈 때 모든 사람은 법률의 구속하에 있어야 하지만 한 사람은 예외라고 동의하는 것과 같다. 그 한 사람은 자연 상태에서 누리던 모든 자유를 여전히 가지고 있을 뿐만 아니라, 권력 때문에 더 자유롭게 되고 무절제하게 사용하더라도 책임을 묻지 않겠다고 동의하는 것이다. 이는 사람들이 스컹크나 여우로부터 받게 될지도 모를 해악을 피하기 위해 애를 쓰면서도, 정작 사자에게 잡아먹히는 것에는 만족하거나, 심지어 그것이 더 안전하다고 여기고 있을 정도로 멍청하다고 생각하는 것이다.

— 7장 '정치사회 혹은 시민사회에 대하여'

홉스는 전쟁 상태인 자연 상태의 혼란을 다시 겪지 않으려면 계약으로 만든 국가의 권력이 막강해야 한다고 주장했다. 하지만 로크는 국가가 절대적인 권력을 행사한다면 결국 자신의 안전을 보장받기 위해서 만든 국가가 오히려 자신의 안전을 위협할 수 있다고 홉스를 비판한다. 홉스의 생각은 마치 스컹크나 여우로부터 받을 위험이 무서워서 사자에게 자신의 보호를 맡기면서 사자가 자신을 잡아먹을 위험이 더 크다는 것은 생각지 못하는 어리석은 행동이라는 것이다. 즉 홉스는 국가가 얼마나 막강해야 하는지에 대해 관심이 있었다면, 로크는 정부 권한의 한계를 명확하게 설정하는 데에 주목했다.

사람들은 사회에 들어갈 때 그들이 자연 상태에서 가지고 있던 평등, 자유, 집행권을 사회에 넘겨준다. 그러나 그것은 모든 사람이 자신의 신체, 자유, 재산을 더욱 잘 보호하기 위한 의도였지 사회의 권력이 이 범위를 넘어서도 된다고 생각했던 것은 아니다. 이 모든 권력은 구성원들의 평화, 안전, 공공선이 아닌 다른 목적을 위해 사용되어서는 안 된다. — 9장 '정치사회와 정부의 목적에 대하여'

나의 생명, 자유, 재산을 침해한 사람들에 대한 처벌권을 국가에 넘겼으니 국가는 이제 나를 대신할 '재판관'이 되어야 한다,

재판관이 문제를 해결하기 위해서는 법이 필요하므로, 국가의 가장 큰 임무 중의 하나는 법률을 확립하는 것이다. 그런데 이 법률은 당연히 국민의 생명과 재산을 보호할 수 있어야만 한다. 그러므로 법률은 국가가 원하는 대로 만들어지는 것이 아니라 국민 전체의 이익을 고려해서 만들어져야만 한다.

국가가 제대로 일하지 않으면 나는 그 계약을 철회하겠어

그런데 만약 계약을 통해서 탄생한 국가가 원래의 계획대로 사람들의 생명, 자유, 재산을 보호하지 않으면 어떻게 될까? 홉스가 국가의 어떤 명령에도 따라야 하는 절대적인 복종을 주장했다면, 로크는 정부가 원래의 계약을 잘 이행하지 못했을 때는 계약을 철회할 수 있다고 주장한다. 이것이 로크의 그 유명한 '저항권'이다.

입법자들이 사람들의 재산을 빼앗고 파괴하거나 제멋대로 사람들을 노예로 만들려고 하는 경우, 그들은 국민과 전쟁 상태에 들어가는 것이다. 이로써 이제 국민은 복종해야 할 의무에서 벗어나, 무력과 폭력을 피할 수 있도록 신이 마련해 놓은 공통의 피신처로 피할 수밖에 없게 된다. 따라서 야심, 공포, 어리석음, 부패로 인해 입법부가 국민의 생명, 자유 및 재산에 대한 절대적인 권력을 자신들의 손에 넣으려고 하거나 다른 사람에게 넘겨주려고 하는 경우, 국민이 그들에게 맡긴 권력을 신탁위반으로 상실하게 된다. 권력은 다시 사람들에게 되돌아가며 사람들은 그들이 적절하다고 생각하는 새로운 입법부를 설립할 수 있는 권리를 가진다.

— 19장 '정부의 해체에 대하여'

그런데 국민은 국가에 저항할 수 있다는 이러한 로크의 주장에 다음과 같은 질문이 생길 수 있다. 국가는 국민에게 무력을 사용할 수 있을 텐데 어떻게 국민은 그런 강력한 힘을 가진 국가에 저항할 수 있을까? 로크는 국가가 국민을 무력으로 괴롭히면 국민 역시 국가를 상대로 무력을 사용할 수 있다고 주장한다. 로크는 당시로서는 아주 급진적인 생각인 '폭력적 저항'도 인정하는 셈이다.

상대방의 공격을 막기 위해서 방패만 사용하는 사람 또는 더 심하게는 공격자의 자만과 위력을 약화시키기 위해서 칼도 손에 들지 않는 사람은 아무런 저항도 하지 못할 것이며 곧 그러한 방어가 사태를 악화시킬 뿐임을 깨닫게 될 것이다. 따라서 저항을 해도 좋은 사람에게는 반드시 공격을 하는 것이 허용되어야 한다.

— 19장 '정부의 해체에 대하여'

그런데 여기에서 두 번째 질문이 발생한다. 국가가 원래 계약을 잘 이행하지 못하여 다수의 사람들이 계약을 철회하면, 다시 말해서 '폭력적 저항권'까지 사용하여 이미 존재하는 국가를 거부하면 다시 자연 상태로 복귀하는 것인가? 그렇게 된다면 로크의 자연 상태가 아무리 홉스의 자연 상태보다 자유롭고 질서가 유지되는 상태였다고 하더라도 다시 무질서의 세계로 들어가는 것은 아닌가?

이에 대해서 로크는 정부가 해체된다고 해서 사회가 해체되는 것은 아니라고 강조한다. 예를 들어, 고려가 망했다고 해서 한반도에 국가나 사회가 없어지는 것이 아니라 조선이 세워졌고, 조선이 망한 후 대한민국이 세워진 것과 비슷하다. 이처럼 국민이 최초에 국가에게 넘겨준 계약을 취소한다고 해서 자연 상태로 되돌아가는 것이 아니라 국민의 생명, 자유, 재산을 잘 지켜 주고, 사람들 사이의 다툼을 잘 해결해 주고 또 외국의 침입을 잘 막아 줄 다른 정부가 세워지는 것이다.

내가 주인이니
국가에 대해서는 국민인 내가 판단하리

그런데 국가가 국민의 생명, 자유, 재산을 잘 보호하고 있다고, 즉 계약을 잘 이행하고 있다고 판단하는 것은 누구일까? 국가일까, 아니면 국민일까? 로크는 국민이라고 말한다.

> 통치자나 입법부가 신탁에 맞지 않게 행동하고 있다는 것을 누가 판단하는가? 만약 법률에 제시되지 않는 문제나 중대한 결과를 가져올 문제를 놓고 통치자와 일부 국민 사이에 분쟁이 일어나는 경우 나는 적절한 심판관은 국민이라고 생각한다. 통치자가 신탁에 맞지 않게 또는 신탁의 범위를 넘어서서 행동하고 있을 때, 원래 의도한 신탁의 범위가 어디까지인가를 적절하게 판단할 사람으로, 최초에 통치자에게 신탁을 부여한 국민 이외에 달리 누가 있겠는가? ─ 19장 '정부의 해체에 대하여'

로크에 따르면 계약을 해서 자연권을 정부에게 넘겼지만 국가의 진정한 주권은 국민에게 남아 있다. 홉스의 사회계약론에서는 계약 이후 주권이 왕 혹은 국가에게로 넘어가지만, 로크의 사회계약론에서는 계약 이후에도 주권은 국민에게 남아 있다. 왜냐하면 국민의 동의에 의해서 탄생한 정부만이 유효하며, 그 정부가 마음에 안 들면 다시 동의를 철회할 수도 있기 때문에 로크의 사회계약론에서 진정한 주권자는 국민이라고 할 수 있다.

그런데 여기서 의문점이 하나 생긴다. 보통 '계약'은 계약 당사자들 간에 동등한 조건으로 체결하는 것인데 다수의 국민이 정부가 마음에 안 든다고 해서 일방적으로 계약을 파기해도 되는 것일까? 로크는 국민과 정부 간의 계약은 보통의 계약이라기보다는 '신탁계약'이라고 말한다. 앞서 우리는 홉스의 사회계약이 '신의 계약'이라는 것을 살펴보았다. 그렇다면 로크의 신탁계약은 무엇일까? '신탁'이라는 말은 어떤 것을 누구에게 맡긴다는 뜻인데, 보통 이때 무엇을 맡은 사람은 맡긴 사람의 뜻에 따라야만 한다. 그래서 신탁계약은 동등한 조건에서 이루어지는 계약과는 달리 자연 상태에서 사람들이 가지고 있던 자연권을 정부에게 맡긴다는 의미이다. 이때 신탁을 통해서 국민의 권리를 맡게 된 정부는 불리한 계약의 당사자가 된 셈이다. 왜냐하면 정부는 신탁계약을 통해서 권리를 맡긴 국민의 뜻을 따를 의무만 있고 권리는 없기 때문이다. 따라서 로크의 사회계약론에서는 사람들이 자신의 권리를 정부에게 맡겼다가 정부가 마음에 안 들면 그 권리를 다시 가져올 수 있게 되는 것이다.

사회계약론

1
루소가 생각한 자연 상태—
'자연으로 돌아가자'

자유롭게 태어났으나
지금은 쇠사슬에 묶인 인간이라는 존재

앞서 살펴본 것처럼, 홉스는 자연 상태를 '만인의 만인에 대한 투쟁'으로 규정하며 부정적으로 보았다. 홉스와 달리 로크의 자연 상태는 평등한 사람들이 자유를 누리면서 이성에 따라 나름대로 질서 있게 사는 상태로 보았지만, '재판관의 부재'로 인해 홉스의 자연 상태처럼 무질서한 상태가 될 수 있는 불씨를 항상 안고 있었다. 하지만 홉스와 로크와 달리 루소는 자연 상태를 인간의 이상적인 상태라고 긍정적으로 보았다. 마치 최초의 인류인 아담과 하와가 살았다던 에덴동산처럼 루소의 자연 상태는 매우 자유롭고 행복한 상태이다. 그럼 왜 루소는 특별히 자연 상태를 긍정적으로 보았을까?

루소의 사회계약 이론은 루소가 쓴 《사회계약론》에서 자세히 다루어진다. 하지만 자신이 생각한 자연 상태와 사회계약에 대해서 《리바이어던》과 《통치론》에서 비교적 체계적으로 설명한 홉스와 로크와 달리, 루소는 자신이 생각한 '자연 상태'를 《사회계약론》에서 체계적으로 설명하지 않고, 자신의 다른 책인 《인간불평등기원론》을 비롯하여 여러 책에 군데군데 설명해 놓았다. 하지만 《사회계약론》에도 자연 상태에 대한 루소의 생각을 알 수 있는 구절이 있는데, 바로 그 유명한 《사회계약론》의 첫 문장이다.

> 인간은 원래 자유롭게 태어났다.
> 그런데 그는 어디서나 쇠사슬에 묶여 있다.

루소가 생각하기에 자연 상태에 있던 인간은 에덴동산의 아담과 하와처럼 자유롭다. 그런데 왜 지금은 쇠사슬에 묶여 있을까? 물론 진짜로 모든 사람이 쇠사슬에 묶여 있다는 뜻은 아닐 것이다. 하지만 마치 쇠사슬에 묶여 있는 것처럼 지금은 자유롭지 않다는 뜻이다. 왜 그럴까? 루소는 인간이 자연 상태에서는 자유로웠지만 사회를 이루어 살아가게 되면서 자신의 자유를 잃고 마치 쇠사슬에 묶인 것 같은 상태에 놓이게 되었다고 생각한다.

태초에 인간은
함께가 아닌 홀로 살았을 뿐

그렇다면 왜 사람들은 사회 상태에서 쇠사슬에 묶인 것 같은 상태, 즉 노예 상태에 있는 걸까? 그 이유를 알기 위해서 루소가 자연 상태에 대해서 어떻게 생각했는지를 먼저 알아야 한다.

우선 루소가 홉스와 달리 왜 자연 상태가 평화롭고 자유로운 상태라고 했는지 살펴보자. 루소는 '자연 상태'에서 인간은 다른 사람들과 어울려 살아가는 것이 아니라 각자 흩어져서 따로 생활한다고 생각했다. 야생에서 혼자 생활을 하는 동물처럼 자연 상태의 인간은 다른 사람들과 만나지 않고 혼자 생활했다는 것이다. 다른 사람과 만날 일이 없으니 다른 사람과 싸울 일 자체가 없었을 것이다. 이렇게 자연 상태의 인간은 자유롭게 그리고 독립적으로 자기의 필요를 스스로 충족하며 행복하게 살아갈 수 있었다. 루소가 직접 한 이야기는 아니지만, 이러한 자족적인 삶인 자연 상태를 그리워하며 루소는 '자연으로 돌아가자'는 말을 했다고 전해진다.

이처럼 인간은 자연 상태에서 애초에 혼자 고립되어 살았으니 서로 싸울 일이 없었다는 루소의 생각은 모든 사람이 모든 사람과 싸우는 홉스의 '자연 상태'와 정반대의 생각이다. 그래서 루소는 홉스의 자연 상태를 다음과 같이 비판한다.

> 모두가 끊임없이 욕구, 필요, 탐욕, 억압, 욕망, 자만심 등에 관해 논하면서 실은 그들이 사회 상태에서 채취한 관념들을 자연 상태에다 옮겨 놓았던 것이다. 야만인, 원시인을 말하면서 실은 문명 사회의 인간을 그리고 있다는 말이다. ―《인간불평등기원론》

루소가 생각하기에 욕망이나 자만심 등은 사람들이 자기 자신을 다른 사람과 비교하면서 느끼는 감정이다. 따라서 인간이 그

런 감정을 느끼려면 사람들이 모여 사는 사회생활을 해야 하는데, 자연 상태에서 인간은 혼자 고립되어 지내기 때문에 다른 사람과 비교할 일이 없고 따라서 욕망이나 자만심을 가질 일이 없다. 루소가 홉스를 비판하는 핵심은 홉스가 자연 상태를 묘사하면서 이미 사회를 이루어 살고 있는 인간의 모습을 바탕으로 자연 상태를 묘사하고 있다는 것이다. 즉 홉스가 자연 상태를 '만인의 만인에 대한 투쟁'이라고 말했을 때는 이미 인간이 사회적으로 모여 산다는 것을 전제하고 있다. 루소가 생각하기에 자연 상태에서 인간은 홀로 자유롭고 행복하게 살았는데 사람들끼리 왜 싸우겠는가. 싸움은 우리가 사회 상태에 있을 때나 하는 법이다.

혼자가 함께가 되면서 생기게 된 부자유와 불평등

그렇다면 자연 상태에서 홀로 고립되어서 행복하게 살던 인간은 왜 사회를 이루게 된 것일까? 루소는 인간은 원래 사회적 동물이기 때문에 자연스럽게 무리를 이루어 살게 되었다고 생각한 것이 아니라, 인간이 더 행복하게 살기 위해서 홀로 사는 것으로는 한계가 있었기 때문에 자기 삶의 더 많은 필요를 채우기 위해서 사회를 이루어 살게 되었다고 말한다. 물론 이러한 자기에 대한 관심뿐만 아니라 홀로 있는 다른 사람이 겪는 고통에 대한 동정심도 인간이 사회를 이루고 사는 이유 중의 하나라고 루소는 말한다.

그런데 루소는 인간이 사회를 이루어 살면서 문명을 발전시키기도 했지만, 그 문명이 인간을 타락시켰다고 주장한다. 각자가 타고난 힘이나 재능에 차이가 있기 때문에 자연스럽게 무리에서 잘난 사람과 못난 사람의 구별이 생기기 시작하고, '내 것'을 가지려는 욕망으로 인해 가진 사람과 못 가진 사람, 힘 있는 사람과 없는 사람의 구별이 생기는 등 사회에 불평등이 생기기 시작한 것이다. 이것이 루소가 《사회계약론》의 가장 첫 부분에 "인간은 원래 자유롭게 태어났다. 그런데 그는 어디서나 쇠사슬에 묶여 있다."라고 말한 이유이다. 즉 자연 상태에서 사회 상태가 되면서 인간은 점점 자연 상태의 자유를 상실하고 소유나 신분의 불평등으로 인한 쇠사슬에 묶이게 되었다.

한편 루소는 사회를 이루면서 사유재산이 생기고 이것이 인간 사회를 불평등하게 만들었다고 보는데, 이것은 앞서 소유권을 자연권으로 본 로크의 생각과 다른 점이다. 로크는 자연 상태에서 인간이 노동을 투입해서 만든 것은 '내 것'이라고 했다. 즉 자연 상태에서도 사유재산이 있었고 이 재산에 대한 권리도 자연권에 속해 있었다. 하지만 루소는 이런 로크의 생각에 반대한다. 왜냐하면 자연 상태에서 인간은 홀로 고립하여 생활했기 때문에 '내 것'이라는 소유 개념을 가질 이유가 없었다. 따라서 루소는 홉스를 비판했던 것과 마찬가지로 로크 역시 이미 사회 상태에 있는 삶의 모습을 바탕으로 자연 상태의 삶을 상상한 오류를 저질렀다고 생각한다.

루소는 사람들이 사회를 이루면서 발생한 이런 불평등을 해소하기 위해서 '계약'이 필요하다고 생각한다. 즉 루소의 관심은 홉스와 로크와 달리 자연 상태를 극복하는 것이 아니라 오히려 힘의 논리가 지배하는 사회 상태를 극복하는 것이었다.

2
루소의 사회계약—
결합계약

개인은 지배를 받는 동시에
지배를 하는 자

'법 앞의 평등'이라는 말이 있다. 힘이 센 사람이든 약한 사람이든, 부자든 가난하든, 공부를 잘하든 못하든, 자연인으로서는 여러 가지 면에서 불평등하지만 법 앞에서는 모두가 똑같은 권리와 의무를 갖는다는 뜻이다. 이처럼 루소도 계약을 통해서 인간들 사이에 생겨난 불평등을 제도적인 합법적 평등으로 바꾸려고 노력하였다. 어떻게 이것이 가능할까? 다시 한 번 홉스와 로크의 계약을 떠올려 보자. 홉스는 계약을 통해서 절대 권력을 가지고 있는 국가를 만들었고 이 계약이 체결된 후에 국가와 국민 간의 관계는 불평등하게 되었다. 로크는 계약을 통해서 정부를 만들었고 주권도 국민이 가지고 있었지만, 여전히 정부나 국회의원들은 국민을 '다스리는' 존재이기 때문에 정부와 국민이 분리되어 있었다. 그래서 루소는 이런 불평등을 없애기 위해 계약을 통해서 국민 스스로가 직접 통치자가 되는 국가를 만들고자 하였다. 즉, 왕이나 국회의원 같은 제3자의 통치를 받는 것이 아니라 국민 자체가 국가가 되어 스스로 통치하는 국가를 꿈꾸었다.

나는 자연 상태에서 인간의 생존을 위협하는 장애물들이 인간이 자신의 보존을 유지하기 위해 사용할 수 있는 힘을 넘어버린 상태를 가정해 본다. 이 경우 원시 상태는 더는 존재할 수 없게 된다. 그래서 중요한 것은 전체의 힘으로 각 구성원의 신체와 재산을 보호해 주는 결합. 전체와 하나가 되어 있는 개인은 자기 자신에게만 복종하는 동시에 이전만큼 자유로울 수 있는 그런 결합의 형태를 발견하는 것이다. 사회계약이 이 문제에 대한 해결책을 제시할 수 있다. 즉 각각의 구성원이 자신의 권리와 자기 자신을 전체 공동체에 완전히 넘겨주는 것이다. 왜냐하면 각 사람이 자신을 완전히 넘겨주게 되면 모두가 평등한 조건이 되기 때문이다. 또 자신의 권리를 완전히 넘겨주게 되면 구성원들 사이의 결합도 완전하게 되고 어느 누구도 다른 사람보다 더 요구할 것이 없게 된다.

—《사회계약론》 6장 '사회계약'

　　이러한 사회계약을 통해서 사람들 모두는 하나의 공동체의 일원으로서 평등한 권리를 갖는다. 왜냐하면 모든 사람이 자신의 권리를 공동체에 넘겨주면 누구는 더 갖고 누구는 덜 갖고 하는 차이 없이 그 공동체의 구성원들의 권리는 결국 똑같아질 것이기 때문이다. 이렇게 해서 각 공동체의 평등한 구성원들은 누가 지배하고 누가 지배받을 것인지 다투지 않는 하나의 '결합'을 이루게 된다. 즉 계약을 통해서 맺어진 하나의 공동체 전체가 자신을 지배하는 지배자인 동시에 또 지배받게 되는 피지배자가 되는 것이다. 이렇게 루소의 사회계약은 사람들을 하나의 전체로 결합시키는 역할을 하기 때문에 '결합계약'이라고 부른다. 홉스의 사회계약이 '신의계약'이고 로크의 사회계약이 '신탁계약'이었다면, 루소의 사회계약은 '결합계약'이라고 할 수 있다.

나의 의지가 너의 의지와 동일한
전체의지로 만들어진 국가

그럼 루소가 생각한 이런 공동체-국가는 어떤 국가일까? 공동체 전체가 모여 중요한 의견을 스스로 결정하고 그 결정을 공동체 전체가 따르는 국가이다. 예를 들어, 무상급식을 할 것인지 말 것인지에 대한 결정을 대통령이나 국회의원이 하는 것이 아니라, 국민이 모두 모여 결정을 하는 것이다. 흔히 이러한 국가를 '직접민주주의' 국가라고 부른다. 물론 이런 직접민주주의는 인구가 아주 작은 소규모 공동체에서만 가능할 것이다. 우리나라 국민 5000만 명이 모두 한곳에 모여 어떤 것을 결정하는 것은 불가능하기 때문이다. 하지만 루소가 사회계약을 통해서 실현시키려고 했던 그 의도만큼은 현대사회에서도 배워야 할 것이다.

  루소에 따르면, 이렇게 계약을 통해서 모인 사람들은 한 명의 사람처럼 행동하고 결정하는 공통의 의지를 가지게 되는데, 이것을 루소는 '일반의지'라고 부른다.

  사회계약에서 핵심만을 이야기하면 우리는 이 계약을 다음과 같이 요약할 수 있다. "우리는 '일반의지'의 절대적인 지시하에 우리 각자의 신체와 모든 능력을 공동의 것으로 만든다. 그리고 우리는 모든 구성원을 전체와 떨어질 수 없는 하나의 부분으로서 받아들인다." 이 즉시 계약자의 개인적 인격은 사라지고 대신 이러한 결합 행위는 하나의 도덕적이고 집합적인 인격이 된다.

―6장 '사회계약'

루소가 말하는 '일반의지'가 정확히 무엇을 의미하는지는 분명하지 않지만, 쉽게 말하면 공동체의 모든 사람이 모여 이렇게 하자고 결정하고 그에 따르는 것이다. 즉 일반의지는 계약을 통해서 결합된 사람들의 공동체가 가지고 있는 전체의지라고 할 수 있다. 그렇지만 이 일반의지가 공동체의 다수의 의견을 따르자는 다수결의 논리는 아니다. 어떤 공동체의 구성원이라면 모두가 이 일반의지를 가질 것이기 때문에 다수결로 할 이유가 없는 것이다. 즉 공동체 전체는 하나의 사람처럼 하나의 '일반의지'에 따라 움직인다.

루소는 계약을 통해서, 불평등한 상태에 있던 각각의 개인은 평등한 공동체의 일원으로서 공동체라는 공동 자아와 동일시되고 따라서 그 공동체 안의 개인들은 하나로 간주될 수 있다고 주장한다. 그리고 공동체의 개인들은 공동체가 일반의지를 통해서 결정한 것에 복종하게 된다. 물론 루소에 따르면 이것은 노예의 복종이 아니라 자유로운 복종이다.

정리해 봅시다

지금까지 '사회계약론'을 주장한 홉스, 로크, 루소의 생각을 살펴보았습니다. 세 사람 모두 공통적으로 '자연 상태'를 전제하고 이 자연 상태를 벗어나기 위해서는 '사회계 약'이 필요하다고 주장합니다. 하지만 세 사람이 생각한 자연 상태가 조금씩 다르고 계약을 맺는 이유와 계약 후에 나타난 국가 혹은 정부의 모습 역시 조금씩 차이가 있습니다. 한번 정리해 볼까요?

우선 홉스가 생각한 '자연 상태'는 '만인의 만인에 대한 투쟁'이라고 요약할 수 있습니다. 생존을 위해서 다른 사람과 끊임없이 싸워야만 하는 '전쟁 상태'였던 거지요. 따라서 사람들은 이 전쟁 상태를 끝낼 수 있는 방법을 찾게 되었고, 그 방법이 바로 모든 사람들이 '리바이어던'이라고 불리는 국가에 자신의 자연권을 넘기는 것이었습니다. 이렇게 절대적인 권력을 지닌 국가가 탄생하게 된 것이지요.

로크는 홉스와 달리 '자연 상태'를 자유롭고 평등한 상태라고 생각했습니다. 하지만 사유재산을 가지고 있는 개인들 사이에 분쟁이 발생하면 이를 조정할 방법이 없었습니다. 그래서 잠재적으로는 언제든 '전쟁 상태'가 될 위험이 도사리고 있었습니다. 이런 위험을 벗어나기 위해서 사람들은 계약을 통해서 분쟁을 조정해 줄 정부를 구성하게 됩니다. 정부가 이런 재판관의 역할을 하기 위해서는 법이 있어야 하니 법을 만드는 의회의 권한이 중심이 될 수밖에 없었겠지요.

마지막으로 루소가 생각한 '자연 상태'는 사람들이 홀로 평화롭고 행복하게 살아가는 상태였습니다. 하지만 여러 가지 이유로 홀로 살던 사람들이 사회를 이루어 살게 되었고 그러면서 불평등이 발생하게 되었습니다. 그래서 루소는 이런 불평등을 해소하기 위해서 계약을 통해서 모두가 평등한 국가를 만들려고 합니다. 즉 국민 모두가 하나가 되어서 나라의 일을 결정하고 또 그 결정을 따르는 것이 국가입니다.

	홉스	로크	루소
자연 상태	• '만인에 대한 만인의 투쟁 상태'	• 개인은 자유롭고 평등 • 재산권 가짐 • 분쟁을 조정할 재판관이 없기 때문에 전쟁 상태에 들어갈 여지가 있음	• 평화롭고 행복한 상태
계약의 이유	• 전쟁 상태에서 위협받던 자신을 보호하기 위해서 강력한 국가가 필요	• 분쟁이 일어났을 경우 해결해 줄 재판관이 필요 • 자신의 재산을 보호해 줄 수 있는 존재가 필요	• 사회가 생기면서 발생된 불평등을 해소하기 위해서 국가가 필요
국가의 형태	• 절대주의 국가	• 의회민주주의	• 직접민주주의

4장
이상적인 국가는
어떤 모습일까

• 플라톤《국가》• 맹자《맹자》• 토마스 모어《유토피아》

플라톤
Plato

BC428?~
BC347?

맹자
孟子

BC372~
BC289

토마스
모어
Thomas More

1478~1535

● 고대 그리스의 철학자.

소크라테스의 제자이자 아리스토텔레스의 스승이다. "2000년 동안 서양철학은
플라톤 철학의 각주였다."는 말이 있을 만큼 서양철학에 큰 영향을 끼친 철학자이다.
귀족 가문에서 태어나 20대에 소크라테스의 연설을 듣고 소크라테스의 제자가 되었다.
40대에 플라톤 교외에 '아카데미아'라는 학교를 세우고 제자를 가르치면서
《국가》를 비롯한 30여 권의 책을 남겼다. 《국가》는 플라톤이 스승 소크라테스의 영향력에서 벗어나
자신의 독자적인 윤리학, 정치철학, 형이상학, 교육론, 예술론 등을 집대성한 책이다.
플라톤의 이상국가론과 정의관이 나타나 있는 이 책은 서구사상사에서
가장 중요한 고전 중의 하나로 손꼽힌다.

● 고대 중국의 사상가.

전국(戰國)시대에 추(鄒)나라에서 태어났다. 공자의 손자인 자사(子思)의 제자에게
가르침을 받았다고 전해진다. 공자의 '인'에 '의'를 덧붙여 '인의'를 강조했으며,
정치적으로 분열된 상황에서 여러 나라를 돌아다니며 제후들에게 자신의 사상을 설파하였다.
이후 고향으로 돌아와 제자들을 가르치면서 살았다.
《맹자》는 맹자와 당시 제후와 재상과의 문답을 담은 기록으로 유교의 주요 경전인
《논어》, 《대학》, 《중용》과 더불어 '사서(四書)' 중의 하나다.
맹자는 이 책에서 인간은 선천적으로 도덕적 소질을 갖추고 있다는 '성선설'과 덕으로써 세상을
올바로 다스리는 '왕도정치'를 주장했으며, 백성들의 정치적 혁명을 긍정하기도 했다.

● 영국의 정치가이자 사상가.

젊은 시절 인간의 자유로운 이성을 강조하는 르네상스의 영향을 많이 받았다.
하원의원과 런던 부시장을 거쳐 헨리 8세의 두터운 신임으로 대법관의 자리까지 오른다.
하지만 헨리 8세의 이혼에 동의하지 않고 영국 국교회 설립을 반대했다는 이유로
반역죄로 런던탑에 갇힌 후 단두대에서 처형당했다.
명문장가로도 명망이 높았던 토마스 모어는 1516년에 《유토피아》를 출간한다.
이 책에서 토마스 모어는 자신이 만들어 낸 상상의 섬 '유토피아'를 묘사하면서
당시 영국사회의 문제점들을 날카롭게 비판하는 동시에
자신이 생각하는 이상 국가의 모습을 그려 내었다.

우리는 앞 장에서 사회계약론을 주장한 고전들을 통해서
국가가 어떻게 만들어졌는지 살펴보았다.
사회계약론에 따르면, 국가가 없던 '자연 상태'에서
여러 가지 문제들이 있었는데 이 문제들을 해결하기 위해
사람들이 '계약'을 체결함으로써 국가를 설립하게 되었다.
이번 장에서는 이렇게 만들어진 국가를
어떻게 하면 가장 이상적인 국가로 만들 수 있을까를
고민한 사람들의 책을 살펴보려고 한다.
동서고금을 막론하고 수많은 사상가와 정치인이
자신들이 생각하고 있는 '이상 국가'를
건설하기 위해서 노력했다.
하지만 그들이 건설하려고 한 이상 국가의 설계도가
모두 달랐고, 따라서 그렇게 다른 설계도에 따라서
만들어질 이상 국가의 모습도 다를 수밖에 없었다.
이 장에서 우리는 그중 3명의 사상가들이 제시한
이상 국가 프로젝트의 설계도들을 살펴보고자 한다.
플라톤의 《국가》, 맹자의 《맹자》, 토마스 모어의 《유토피아》가
바로 그것이다. 이 장을 읽으면서 어떤 사람이 제시한
이상 국가의 설계도가 가장 여러분의 마음에 드는지
각자 한번 판단해 보는 것도 좋을 것이다.

국가

1
정의란 무엇인가?

몇 년 전 마이클 샌델이 쓴《정의란 무엇인가》라는 책이 우리나라에서 엄청난 인기를 얻은 적이 있다. 당시 많은 중·고등학교 학생들이 수행평가로 이 책을 읽기도 했고, 대입 논술 문제의 제시문으로 자주 사용되기도 하였다. 그런데 '정의란 무엇인가'라는 제목의 책이 우리나라에서 그토록 인기를 끌었던 이유가 무엇일까? 물론 여러 가지 이유가 있을 수 있겠지만, 정의 문제, 즉 '무엇이 올바른 것인가'라는 문제는 단순히 개인적인 차원의 문제가 아니라 개인과 사회의 관계에 대한 물음이라는 것에 주목해 보자. 다시 말해서, '정의란 무엇인가'라는 질문은 '바람직한 사회는 어떤 사회이고, 이 사회에서 개인과 사회의 관계는 어떠한가'라는 질문에 다름 아니다.《정의란 무엇인가》의 인기는 이러한 정의의 문제가 우리나라 사람들에게 굉장히 중요한 문제임을 증명한 하나의 예라고 할 수 있겠다.

그런데 지금부터 2400년 전 고대 그리스에서 이 '정의란 무엇인가'라는 질문에 대해서 탐구한 철학자가 있었다. 여러분도 수없이 들었을 이름, 플라톤이다. 플라톤은 《국가》라는 책에서 '어떻게 사는 것이 정의로운 삶일까'라는 질문에 답하려고 노력한다. 그런데 좀 이상하지 않은가? '정의로운 삶'에 대해서 탐구하는 책의 제목이 왜 '국가'일까? 국가가 정의로운 삶과 어떤 관계가 있기에 책의 제목을 《국가》라고 지은 것일까?

우선 이 책의 제목부터 좀 살펴보자. 《국가》의 원래 제목은 고대 그리스어 '폴리테이아(politeia)'로, 정치를 뜻하는 영어 단어 Politics의 어원이기도 하다. '폴리테이아'라는 단어의 뜻은 우리 말로 '국가'보다는 '정체(政體)', 즉 정치체제라는 뜻에 가깝다. 그러면 정치체제는 국가와 어떻게 다를까? 예를 들어 현재 우리나라의 정치체제는 민주주의이다. 하지만 조선 시대까지만 해도 우리나라의 정치체제는 민주주의가 아니라 왕이 다스리는 '왕정'체제였다. 이러한 의미에서 이 책의 제목인 《국가》는 '나라'라는 뜻보다는 하나의 나라가 가질 수 있는 정치체제를 의미한다.

이제 다시 질문으로 돌아가 보자. 그러면 왜 플라톤은 '정의로운 삶'에 대해서 탐구하는 책에 '정체'라는 제목을 붙였을까? 플라톤은 총 10권으로 이루어진 이 책의 2권에서 개인의 삶에서 정의, 즉 올바름이 무엇인가에 대해서 사람들과 이야기를 주고받지만 쉽게 답을 찾을 수가 없자 다음과 같이 말한다.

시력이 좋지 못한 사람에게 멀리서 작은 글씨들을 읽게 할 경우, 만약 그것과 똑같은 글씨가 다른 곳에 더 크게 적혀 있으면 큰 글씨를 먼저 읽고 난 다음에 작은 글씨를 읽는 것이 더 낫겠지.

정의 역시 개인의 정의도 있지만 국가 전체의 정의도 있다고 말할 수 있네. 국가는 한 개인보다는 크니까 국가 전체의 정의가 더 큰 규모로 있을 테고 따라서 알아내기도 더 쉬울 걸세. 만약 자네들이 원한다면, 먼저 국가의 정의가 무엇인지 탐구하도록 하세.

플라톤은 작은 글씨들이 잘 안 보일 때는 큰 글씨를 보고 난 후 큰 글씨와 작은 글씨가 비슷한지 보면 작은 글씨를 이해할 수 있게 된다고 설명한다. 그러니까 플라톤의 전략은 개인의 차원에서 '정의로움'이 무엇인지 찾기 힘들다면 개인의 삶보다 더 큰 규모인 국가에서 '정의로움'이 무엇인지에 대해서 탐구해 보자는 것이다.

그런데 플라톤이 더 큰 규모에서 탐구하고자 하는 '정의로운 국가'가 바로 플라톤이 그리고 있는 이상적인 국가이다. 남자든 여자든 각자가 생각하는 '이상형'이 있듯이, 플라톤에게는 그가 생각하는 '이상 국가'의 모습이 있었다. 그럼 이제부터 플라톤이 그리고 있는 이상 국가의 모습을 한번 살펴보자. 하지만 그 전에 미리 알아둬야 할 한 가지. 플라톤의 이상 국가 이야기를 듣기 전에 먼저 플라톤이 말하는 스타일을 한번 살펴보는 것이 좋겠다. 왜냐하면 플라톤이 들려주는 이야기만큼 플라톤의 이야기 스타일도 특이하기 때문이다.

2

플라톤의 산파술

"나는 네가 모르고 있다는 사실을 알고 있다"

철학자 플라톤은《국가》뿐만 아니라 자신의 모든 책을 연극의 대본인 희곡처럼 대화체로 썼다. 보통 철학책들은 철학자의 생각을 논리적으로 증명하거나 설명하는 형식으로 쓰인 경우가 대부분인데, 왜 플라톤은 자신의 책을 대화 형식으로 쓴 것일까? 플라톤은 등장인물과의 대화를 통해서 사람들이 처음에는 옳다고 믿고 있던 생각들이 사실은 틀렸다는 것을 보여 주는 방식으로 이야기를 끌고 나간다. 이런 식의 대화법을 '산파술'이라고 한다. 요즘에는 잘 사용하지 않는 말이지만, '산파'는 산모가 아기를 낳을 때 돕는 역할을 하는 사람이다. 이처럼 플라톤도 출산을 돕는 산파처럼 사람들이 머릿속에 가지고 있는 아직은 희미한 생각을 분명하게 낳을 수 있도록 도와주고자 했다. 즉 플라톤은 자신의 생각을 다른 사람들에게 일방적으로 주입하는 것이 아니라 대화를 통해 상대방이 스스로 깨달을 수 있도록 도와주었다. 대화는 누가 가르치고 배우는 관계, 또는 누가 이기고 지는 경쟁이 아니라 같이 탐구하는 것이다. 우리는 플라톤의 책을 통해서 함께 탐구하고 배우려는 대화의 태도를 배울 수 있다.

우리가 대화를 통해서 무언가를 스스로 배우기 위해서는 먼저 우리가 모른다는 것을 인정해야만 한다. 여러분 모두 플라톤의 선생님이었던 소크라테스가 말했다고 알려져 있는 '너 자신을

알라'라는 말을 들어 본 적이 있을 것이다. 사실 이 말은 소크라테스가 한 말이 아니라 고대 그리스 신전에 쓰여 있던 말이다. 도대체 '너 자신을 알라'는 것은 무슨 뜻일까? 우리가 스스로의 성격이나 외모, 분수를 깨달아야 한다는 뜻일까? 이 유명한 문장의 참뜻은 우리가 어떤 것을 알고 있다고 생각하지만 사실은 모르고 있음을 알아야 한다는 말이다. 우리가 알고 있는 것이 옳다고 생각하고 대화를 통해서 배우려고 하지 않는다면 우리는 더는 아무것도 배울 수 없게 된다.

자, 이제 플라톤의 이야기 방식에 대해서 알았으니 지금부터는 플라톤이 이야기하는 '정의로운 국가'에 대해서 알아보자.

3
플라톤의 이상 국가 프로젝트 1
분업과 계급사회

《국가》 2권에서는 국가가 처음에 어떻게 생기게 되었는지에 대한 플라톤의 설명이 등장한다. 일단 국가가 생긴 이유를 알아야 국가의 목적에 가장 잘 맞는 이상적인 국가를 건설할 수 있기 때문이다.

내 생각에 국가가 생기는 이유는 우리 각자가 자족하지 못하고 여러 가지 것을 필요로 하기 때문일세. 어떤 한 사람이 필요한 것이 생기면 다른 한 사람을 받아들이고, 또 다른 것이 필요하면 또 다른 사람을 받아들이게 되네. 그런데 사람들에겐 많은 것이 필요하니까, 많은 사람이 한곳에 모여 살게 되었지. 우리는 이 공동 생활체에 국가라는 이름을 붙였어. 안 그런가?

플라톤은 맨 처음 국가가 만들어진 원인은 사람들이 자급자족하지 못했기 때문이라고 말한다. 무슨 말일까? 한 사람이 생활에 필요한 모든 것을 스스로 해결한다는 것은 매우 어려운 일이다. 우선 먹을 것을 구하려면 사냥을 하든지 고기를 잡든지 농사를 지어야 한다. 잠잘 곳도 필요하니 집도 만들어야 한다. 또 몸을 보호해야 하므로 옷과 신발도 만들어야 한다. 게다가 사냥을 하거나 농사를 지을 때 쓰는 도구도 만들어야 하고…. 그런데 이렇게 하려면 한 사람의 일생이 기본적인 의식주를 해결하는 데 다 사용될 수밖에 없다. 그래서 한 사람이 모든 일을 하는 대신에 집을 짓는 사람, 농사를 짓는 사람, 옷을 만드는 사람이 모여서 자신이 만든 생산품을 서로 교환하는 게 더 효율적인 생활방식이다. 플라톤은 처음 국가가 만들어진 이유를 이러한 분업 때문이라고 설명한다.

그렇다면 왜 어떤 사람은 농부가 되고, 어떤 사람은 군인이 되고, 어떤 사람은 학자가 되는 등 서로 다른 일을 선택하는 것일까? 이에 대해 플라톤은 사람마다 타고난 능력과 재능이 다르기 때문이라고 말한다. "우리 각자는 성향에 있어서 서로 다르게 태어나서, 저마다 다른 일에 매달리게 되네." 그러니까 한 국가의 사람들이 분업을 하는 이유는 단지 효율적인 생활을 위해서 각자 임의로 한 가지 일을 정해서 하기 때문에 아니라 저마다 타고난 재능이 다르기 때문이라는 것이 플라톤의 설명이다.

　일단 국가를 건설하고 나면, 국가를 지키는 일을 하는 군인도 필요하고 국가를 통치하는 지도자도 있어야 한다. 플라톤이 생각한 이상 국가에는 크게 세 부류의 사람들이 존재한다. 국가에 필요한 것들을 생산하는 생산자, 국가를 지키는 군인, 국가를 다스리는 통치자. 즉 국가의 구성원들이 각자의 재능에 따라 세 부류로 나뉘지는 것인데, 예를 들어, 군인이 되기 위해서 필요한 재능은 용기이고 국가를 다스리기 위해서 필요한 재능은 지혜이다.

　그런데 우리가 알아두어야 할 중요한 사실이 있다. 플라톤이 생각하는 '정의로운 국가'는 이 세 부류의 사람들이 서로 동등한 지위에서 협력하는 곳이 아니라는 것이다. 플라톤이 생각하는 정의로운 국가, 즉 이상 국가는 세 개의 계층으로 이루어진 계급사회이다. 여기에서 가장 낮은 계급은 생산자, 중간 계급은 군인, 가장 높은 계급은 통치자 계급이다. 아니, 정의로운 국가, 이상적인 국가의 모습이 모두가 평등한 사회가 아니라 계급사회라니, 쉽게 이해가 되지는 않는다. 플라톤의 이야기를 좀 더 들어 보자.

4
플라톤의 이상 국가 프로젝트 2
통치자의 사유재산 금지

그렇다고 플라톤이 이상적으로 생각한 국가의 모습이 높은 계급만을 위한 사회는 결코 아니다. 아마도 다음의 이야기가 플라톤의

이상 국가에 대한 여러분의 오해를 조금 풀어 줄 것이다.《국가》
에서 플라톤은 '정의로운 국가'가 되기 위해서는 나라를 지키는
군인 계층과 다스리는 통치자 계층은 자기 재산과 자기 가족을 가
져서는 안 된다고 주장한다. 한마디로 사유재산과 가족제도를 폐
지해야 한다는 것이다.

왜 이렇게 특이한 생각을 하게 된 것일까? 나라를 다스리는
사람들은 자기 자신이 아닌 나라를 위해서 일해야 하는데, '내 것'
과 '내 가족'이 있다면 누구라도 나라 전체에 관심을 가지기보다
는 먼저 내 재산을 늘리고 내 가족을 챙기는 마음을 가지기가 쉽
기 때문이다. 우리가 앞으로도 보겠지만 플라톤 이후에 '이상 국
가 프로젝트'를 제시한 다른 많은 사람들도 이상적인 국가의 조건
중 하나로 사유재산을 가지지 않는 것을 내세운다. 그만큼 지도자
가 자기 자신보다는 국가 전체를 먼저 생각하는 것이 이상 국가를
건설하는 기본 조건인 셈이다.

첫째, 꼭 필요한 것이 아닌 한, 그 누구도 사유재산을 가져서는
안 되네. 다음으로는, 그 누구도 다른 사람이 출입할 수 없는 집이
나 곳간을 가져서는 안 되네. 생활필수품은 필요한 정도만큼 시민
들을 지켜 준 것에 대한 보수로서 시민들에게 받되, 연간 소비량을
넘지도 부족하지도 않을 정도로 받아야만 하네. 또한 이들은 공동
으로 식사를 하고 공동으로 생활해야만 하네. 이들은 금은을 다루
거나 만지는 것이 허용되지 않으며, 금은과는 같은 지붕 아래 있어
서도 안 되고 몸에 걸쳐서도 안 되며, 금이나 은으로 만든 잔으로
술을 마셔서도 안 되네. ─ 3권

통치자나 군인들은 '내 것'을 가지면 안 되니 '내 집'이 있을 수 없어서 공동생활을 하게 되고, 공동생활을 하게 되니 공동식사를 할 수밖에 없다. 그런데 눈여겨봐야 할 것은 플라톤이 일반 시민, 즉 생산자들에게는 '사유재산 금지'를 요구하지 않았다는 점이다. 플라톤은 평범한 국민들인 생산자들은 기본적인 생활을 해 나가기 위해서 '내 것'을 가지는 것이 필요하다고 본 것이다. 하지만 한 국가를 다스리는 통치자들에게는 사유재산 금지를 요구했다. 앞서 이야기한 것처럼, 한 국가의 지도자는 자기 재산을 늘리는 일이 아니라 나라 전체의 일을 신경 써야만 한다. 따라서 국가를 위해서 지도자는 스스로 자기 것을 포기하는 과감한 결단이 필요하다는 것이다.

가족제도도 마찬가지다. 플라톤은 한 나라의 지도자에게는 '내 가족'도 없어야 한다고 말한다. 물론 부모 없이 태어나는 사람은 없으므로 플라톤의 이상 국가에서도 생물학적 부모는 존재한다. 그러나 어렸을 때부터 공동으로 양육되기 때문에 내 부모가 누군지 알지 못하고 따라서 가족이라는 제도도 없다. 나라를 다스리는 사람들은 국가에 속한 모든 사람을 가족으로 대해야 한다는 것이 플라톤의 생각이었다. 플라톤은 "우리들이 국가를 만들면서 기억해야 할 것은 국가의 목적이 어느 한 계급을 행복하게 만드는 것이 아니라 국가 전체를 최대한 행복하게 만드는 것이라는 사실일세. 지금 우리가 만들려는 행복한 국가는 선택된 소수만을 행복하게 만들려는 것이 아니라 전체를 행복하게 만들려는 것일세."(4권)라고 말한다.

이처럼 플라톤이 생각하는 이상 국가는 계급사회지만 통치자가 피통치자를 힘으로 억누르는 국가가 아니다. 정의로운 국가는 통치자가 자기 자신보다는 국가 전체에 유익한 것이 무엇인지 고민하는 국가이다. 따라서 플라톤의 이상 국가는 높은 계급이 낮은 계급을 무력으로 통치하는 것이 아니라 모든 계층이 서로 조화를 이루는 국가이다.

플라톤은 국가의 구성원 각자가 자신의 재능에 맞는 일을 할 때에 국가 전체가 행복해질 수 있다고 주장한다. 국가가 배라고 생각해 보자. 우리 속담에 '사공이 많으면 배가 산으로 간다.'는 표현이 있다. 배가 목적지를 향해 제대로 가기 위해서는 믿을 만한 한 사람이 지휘를 하고 나머지는 선장의 말을 전적으로 따르며 노를 열심히 저어야 한다. 모두가 선장 노릇을 할 수는 없는 것이다. 플라톤이 《국가》에서 그리고 있는 이상적인 국가의 모습 역시 지도자는 지도자의 역할을, 군인은 군인의 역할을, 생산자는 생산자의 역할을 충실히 해 나가는 것이다.

5
플라톤의 이상 국가 프로젝트 3
철인정치

플라톤의 이상 국가 프로젝트에서 가장 특이한 점을 꼽는다면 나라를 이끄는 사람은 철학자여야 한다는 주장이다. 즉 철학자가 통치자가 되거나, 통치자가 철학자이어야 한다. 플라톤의 이런 생각을 '철인정치(哲人政治)'라고 부른다.

내 생각으로는 한 가지 변혁만으로도 국가가 바뀌는 것을 보여 줄 수 있을 것 같네. 쉬운 일은 아니지만 가능한 일이지. 이 변혁이 나를 웃음거리로 만들지라도 말을 해야겠네. 철학자들이 국가의 군주가 되거나, 아니면 현재의 군주나 최고 권력자들이 철학을 하지 않는 한(참된 지혜를 사랑하지 않는 한) 모든 국가나 인류에게서 나쁜 것들이 완전히 사라지지 않을 걸세. 그렇게 되기 전에는 지금까지 우리들이 논의해 온 그런 국가는 결코 가능하지 않을 것이야. 사실은 내가 전부터 발설하기를 망설여 온 이유가 이것이야. 굉장히 역설적인 말이기 때문이지. 철학자가 통치하는 것 외에는 다른 어떤 방책으로도 사람들을 행복하게 만들 수 없다는 것을 아는 사람이 많지 않네. ─5권

플라톤이 말하는 철학자는 요즘처럼 대학에서 철학을 가르치는 철학과 교수를 말하는 것이 아니다. '철학'은 영어로 'philosophy'인데, 이 단어는 고대 그리스어인 'philein(사랑하다)'과 'sophia(지혜)'가 합쳐진 말이다. 즉 '철학'은 단어의 뜻 그대로 '지혜를 사랑하는 것'이다. 따라서 플라톤이 언급한 철학자는 지혜를 사랑하는 사람을 의미한다. 그렇다면 철학자가 사랑하는 지혜는 어떤 지혜일까?

정의로운 국가, '올바른' 국가를 만들려면 무엇이 '정의'인지를 먼저 알아야 한다. 마치 연애를 할 때 이상형을 만나려면 먼저 나의 이상형이 무엇인지를 알아야 하는 것과 마찬가지다. 그런데 플라톤에 따르면 정의가 무엇인지 아는 사람이 바로 철학자다. 철학자는 '정의'가 무엇인지, 좋은 국가를 만들기 위해 필요한 '좋음'

이 무엇인지에 관한 지혜를 가지고 있는 사람이다. 따라서 정의로운 국가를 만들기 위해서는 정의가 무엇인지 아는 철학자가 나라를 다스려야 한다는 것이 플라톤의 주장이다. 나라 전체를 '좋게' 만들어야 하는데, 진짜 좋은 것이 무엇인지 아는 사람이 바로 철학자라는 것이다. 성경에 '눈이 안 보이는 사람이 눈이 안 보이는 사람을 인도하면 두 사람 모두 구덩이에 빠진다.'는 말이 있다. 철학자가 아닌 지도자는 '눈먼 지도자'일 뿐이다. 그러니 어떻게 나라를 제대로 통치하겠는가? 나라 전체가 배라면 이 배가 향해서 가야 하는 목적지가 어디에 있는지를 아는 사람이 바로 철학자인 것이다. 나머지 사람들은 그저 이 철학자-선장이 시키는 대로 자기 일을 열심히 하면 된다.

플라톤이 생각하는 이상 국가는 이처럼 지혜로운 사람이 국가 전체를 다스리는 계급사회이다. 오늘날 우리가 살아가는 민주주의사회의 모습과는 거리가 멀다. 과연 플라톤이 민주주의를 몰랐던 것일까? 아니다, 플라톤은 민주주의를 분명히 반대한다. 왜냐하면 플라톤이 생각하기에 일반 백성들은 모두 '눈먼 사람들'이기 때문에, 민주주의는 '중우정치(衆愚政治)', 즉 어리석은 사람들이 다스리는 정치가 될 수밖에 없다. 따라서 우매한 일반인들이 통치자를 뽑는 민주정치보다는 지혜를 가지고 있는 철학자가 나라를 다스리는 철인정치가 훨씬 더 이상적인 국가에 적합하다.

지금까지 우리는 플라톤이 들려주는 '정의로운 국가'에 대해서 알아봤다. 그런데 여러분 중 누군가는 이렇게 질문할지도 모른다. 이런 이상 국가가 현실적으로 가능하기는 한 걸까? 말 그대로 그냥 우리 상상 속에서만 존재하는 것은 아닐까? 나중에 토마스 모어의 《유토피아》를 설명할 때 살펴보겠지만, 흔히 이상 국가를 '유토피아'라고 부른다. 그런데 유토피아라는 말은 고대 그리스어로 '없다'는 뜻을 가진 '유(u)'와 '장소(topos)'라는 단어를 결합해서 만든 말이다. 즉 유토피아는 '없는 장소', '아무 데도 없는 곳'이라는 뜻이다. 하지만 이상 국가의 실현 가능성보다 더 중요한 것은 플라톤의 이러한 이상 국가 프로젝트가 후대의 사람들에게 이상적인 국가에 대한 하나의 기준을 제시하고 있다는 사실이다. 앞으로 보게 될 책들에서 플라톤의 향기가 느껴질 것이다.

맹자

1
철인정치? No!
왕도정치? YES!

 앞에서 우리는 플라톤이 말하는 이상 국가는 '지혜로운' 통치자가 다스리는 국가라는 것, 지혜로운 철학자가 통치하는 정치를 '철인정치'라고 한다는 것을 살펴보았다. 지혜로운 자의 통치에 국가의 모든 사람들이 조화롭게 따를 때 이상적인 국가가 될 수 있다는 것이 서양의 철인정치 사상이다.

그런데 서양의 플라톤과 달리 동양의 맹자는 철인정치가 아니라 '왕도정치(王道政治)'를 통해서 이상 국가를 건설할 수 있다고 주장한다. 왕도정치는 또 무엇일까? 맹자의 왕도정치는 기본적으로 백성을 힘으로 다스리는 것이 아니라 백성을 먼저 위하는 정치, 백성을 덕(德)으로 다스리는 정치를 의미한다.

힘으로 남을 복종하게 만드는 것은 마음으로 복종하게 하는 것이 아니다. 힘이 부족해서 억지로 복종하는 것일 뿐이다. 덕(德)으로 남을 복종하게 만드는 것은 진심으로 기뻐서 복종하게 하는 것

이다. —〈공손추(公孫丑)〉

이처럼 맹자가 말하는 왕도정치는 힘으로 백성들을 복종시키는 것이 아니라 '덕'으로써 백성을 다스리는 것이다. 그런데 덕으로 백성을 다스린다는 것은 과연 어떤 의미를 가지고 있을까? 맹자는 마치 부모님이 자식을 대하는 것처럼 왕이 백성들을 정성스럽고 애틋하게 대하는 것을 덕으로 다스리는 것이라고 설명한다.

제나라 선왕이 맹자에게 물었다. "덕이 어떠해야 왕 노릇을 할 수 있겠습니까?" 맹자가 대답했다. "백성을 보호하면서 왕 노릇 한다면 누구도 그를 막지 못할 것입니다." "저 같은 사람도 백성을 보호할 수 있겠습니까?" "가능합니다." "무슨 이유로 제가 백성을 보호할 수 있다는 것을 아십니까?" "제가 호흘(胡齕)이라는 신하에게 이런 이야기를 들었습니다. 왕께서 당상에 앉아 있는데 소를 몰고 아래로 지나가는 사람이 있었지요. 왕께서 '소를 어디로 끌고 가느냐?'라고 물었더니 '소를 잡아 제사를 지내려고 합니다.'라고 대답하자 왕께서 '소를 내버려 두어라. 그 소가 떨며 죄 없이 사지로 끌려가는 것을 차마 못 보겠다.'라고 하시며 놓아주라고 하셨습니다. 이런 마음이면 왕 노릇 하기에 충분합니다. 불쌍하게 여기는 마음이 인(仁)을 행하는 좋은 방법입니다." —〈양혜왕(梁惠王)〉

우연히 길을 지나가다 어딘가 다친 강아지가 고통스러워하며 낑낑거리는 모습을 본 적이 있을 것이다. 누구나 이런 모습을 보면 강아지가 불쌍하다고 생각하고 측은한 마음이 들기 마련이다. 하물며 다른 사람이 여러 가지 일로 고통스러워하는 모습을 보면 누구나 측은한 마음이 드는 것이 인지상정이다. 맹자는 바로 이러한 마음, 즉 사람에 대한 애정이 이상적인 국가의 바탕이라고 생각한다. 고통스러워하는 백성들의 모습을 왕이 그냥 지나치지 않고 위로하고 상황을 개선하려는 자세가 바로 맹자의 왕도정치이다. 이처럼 맹자가 생각하는 왕도정치는 거창하고 대단한 것이 아니다. 사람에 대한 무한한 애정, 이것이 바로 '인(仁)'의 시작이자 왕도정치의 시작이다.

2
항산 恒産이 있어야 항심 恒心이 있다

그런데 부모님이 자식을 생각하듯이 왕이 백성을 사랑한다는 것은 무슨 의미일까? 부모는 자식을 사랑하는 마음만 가지고 가만히 있는 것이 아니다. 자식을 사랑하는 부모는 자식이 살아갈 수 있도록 먹을 것, 입을 것, 살 곳을 마련해 준다. 이런 부모와 마찬가지로 왕도 백성들이 기본적으로 생계를 꾸려 나갈 수 있도록 해야 한다. 또 부모가 자기 자식의 것을 빼앗아 가지 않는 것처럼 왕도 백성들의 것을 빼앗으려 하지 말아야 한다.

왕께서 농사철을 피해서 백성들을 나랏일에 동원한다면 백성들은 충분한 곡식을 얻을 수 있습니다. 연못에 촘촘한 그물을 넣어

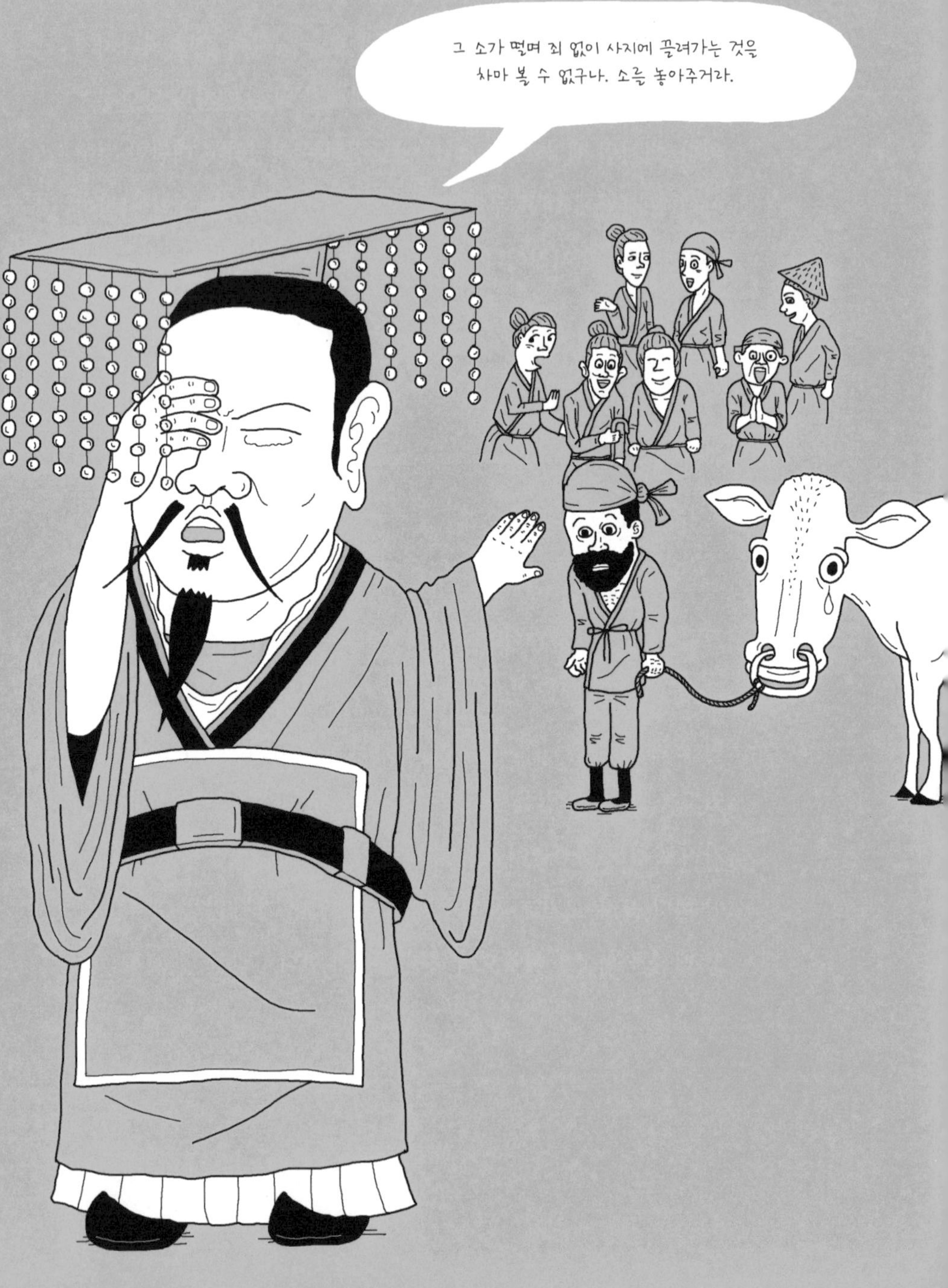
그 소가 떨며 죄 없이 사지에 끌려가는 것을
차마 볼 수 없구나. 소를 놓아주거라.

새끼까지 다 잡지 않는다면 백성들은 충분한 물고기와 자라를 얻을 수 있습니다. 산에 나무를 제철에만 베게 한다면 충분한 재목을 얻을 수 있습니다. 곡식과 물고기, 자라 등이 먹기에 충분하고 재목이 사용하기에 충분하면 백성들은 살아 있는 사람을 봉양하고 죽은 사람을 장사 지내는 데 후회가 없습니다. 이렇게 살아 있는 사람을 봉양하고 죽은 사람을 장사 지내는 데 후회가 없도록 하는 것이 바로 왕도정치의 시작입니다. ─〈양혜왕〉

이처럼 왕도정치의 핵심은 왕이 백성들에 대한 애틋한 마음을 가지고 백성들이 자기 생업에 종사하면서 먹고살 수 있도록 하는 것에 있다. 백성들이 먹고살 만하지 않으면 왕이 왕도정치를 하고 있다고 할 수 없다. 따라서 맹자가 생각하는 이상 국가는 플라톤의 이상 국가와 마찬가지로 기본적인 욕구가 충족된 사회이다. 맹자는 백성들의 생계수단인 '항산(恒産)'이 없다면 바르게 생각하는 마음인 '항심(恒心)'도 없다고 말한다.

게다가 맹자는 그저 백성들이 생계를 꾸려 나갈 수 있도록 해야 한다고 추상적으로 말하는 것으로 그치지 않고 이를 위한 구체적인 방안을 제시한다. 맹자가 제시하는 방법 중에 가장 대표적인 것이 바로 정전법(井田法)이다. 정전법이란 '우물 정(井)'자 모양으로 토지를 나누어 백성들에게 나누어 주는 제도이다. 우물 정자 모양으로 토지를 나누면 총 9개의 구획이 생긴다. 가운데 부분을 제외한 8구획을 각각 한 집씩 맡아 농사를 짓고, 가운데 땅은 공동으로 경작한 뒤 그 수확물을 세금으로 내도록 하는 것이 정전법의 내용이다. 맹자가 이렇듯 개혁적인 토지제도를 주장한 것은 맹자가 살던 시대가 농사를 주로 짓던 농경사회였기 때문이다. 맹자의 정전법은 좀 더 나은 국가를 만들기 위해서 사회를 개혁하여 백성들의 삶을 안정시키려고 했던 많은 사람들, 특히 우리나라의 실학자들도 받아들였던 제도이다.

농지를 잘 경작하게 하고 세금을 줄여 주면 백성들을 부유하게 만들 수 있다. 먹는 것을 제때에 먹게 하고 쓰는 것을 예법에 맞게 쓰게 하면 재물은 다 쓸 수 없을 정도로 풍족하게 될 것이다. 백성들이 곡식을 풍족하게 가지고 있으면 모든 백성들이 어질게 될 것이다. ─〈진심(盡心)〉

백성들이 기본 생계를 꾸려 나갈 수 있게 하고 나서 지도자는 세금을 줄여 줘야 한다. 다시 말해 조세제도를 바로잡아야 하는 것이다. 그래서 백성들이 안정된 생활을 하게 되고, 더 나아가 풍족한 생활을 하게 된다면 이것이 바로 이상 국가의 출발이기 때문이다. 다시 강조하지만 어떤 국가든 그 안에서 살아가는 사람들이 먹고살 만하지 않으면 이상 국가라고 할 수 없다.

그런데 이것이 끝이 아니다. 토지제도나 조세제도는 누구에게나 적용되는 제도이다. 하지만 사회에는 특별한 보살핌이 필요한 사람들이 있다. 맹자는 우리 사회에서 남들보다 더 어려운 사람들에게 더 관심을 기울이는 것이 중요하다고 말한다. 즉 왕도정치는 소외된 사람에 대한 관심도 포함한다.

제나라 선왕이 물었다. "왕도정치에 대해 들을 수 있겠습니까?" 맹자께서 대답했다. "옛날 문왕이 기(岐) 땅을 다스릴 때 경작지의 9분의1을 세금으로 받았고 벼슬한 사람에게는 대대로 녹을 주었으며, 관문과 시장에서는 살피기만 하고 세금은 받지 않았습니다. 못에서 물고기 잡는 것을 금지하지 않았고, 죄인을 처벌할 때 처자까지 함께 처벌하지 않았습니다. 늙고 아내가 없는 사람을 홀아비라 하고 늙고 남편이 없는 사람을 과부라 합니다. 늙고 자식이 없는 사람을 외로운 사람이라 하고 어리고 부모가 없는 사람을 고아라고 합니다. 이 네 부류의 사람들은 천하의 불쌍한 백성들로 도움을 호소할 곳이 없는 사람들입니다. 문왕이 정치를 하고 인정을 베풀 때 이 네 부류의 사람들을 먼저 돌보았습니다." ─〈양혜왕〉

맹자는 늙고 의지할 데가 없는 사람, 고아나 배우자가 없는 사람에게 특별히 관심을 가져야 한다고 말한다. 정리하자면 왕도정치를 통해 이상적인 국가를 세우는 방법은 우선 정의로운 사회제도를 마련하는 것이 중요하고, 다음으로는 약자를 보살피는 것이다.

3
백성이
하늘이다

우리는 지금까지 맹자의 왕도정치를 살펴보았다. 왕도라는 것은 플라톤의 철인정치처럼 통치자가 중심이 되어 백성을 다스리는

것이 아니라 왕이 백성을 중심에 놓고 백성을 다스리는 것을 말한
다. 맹자의 이런 생각을 '민본주의(民本主義)사상'이라고 말한다.
백성이 나라의 근본이라는 의미이다.

> 맹자께서 말씀하셨다. "백성이 가장 귀하고 사직(社稷)이 그다
> 음이며, 임금은 가장 가벼운 존재이다." —〈진심〉

여기서 '사직'은 나라를 말한다. 그러니까 한 사회에서 가장
중요한 것이 백성이고, 그다음이 나라 자체이고, 제일 마지막이
왕이라는 것이다. 왕이 다스리는 사회에서 왕이 가장 가볍다니 이
얼마나 대단한 말인가. 동서고금을 막론하고 지도자가 피지배자
를 가장 귀하게 여기는 나라, 그곳이 바로 이상 국가인 것이다.

> 만장(萬章)이 물었다. "순(舜)임금이 천하를 다스렸는데 누가
> 그에게 천하를 준 겁니까?" 맹자가 대답했다. "하늘이 준 것이다. 옛
> 날 요(堯)임금이 순임금을 하늘에 추천했더니 하늘이 받아들였다.
> 그 사실을 백성들에게 알리니 백성들이 받아들였다. 하늘이 그에
> 게 천하를 주었고 백성들이 그에게 천하를 주었다."
> —〈만장(萬章)〉

요즘도 정치인들이 자주 사용하는 말 중에 '민심이 천심'이라
는 말이 있다. 즉 백성들의 마음이 하늘의 마음이라는 이야기인
데, 이때 하늘의 마음은 지도자의 적격성을 뜻한다. 왕이 왕인 이
유는 왕의 피를 타고났기 때문이 아니라 하늘이 왕으로 만들었다

는 뜻이다. 그런데 맹자는 하늘의 마음이 곧 백성의 마음이라고 했으니 지도자를 지도자로 만드는 것이 바로 백성이라는 뜻이다. 앞서 플라톤은 《국가》에서 지도자는 오랜 훈련을 통해서 지혜를 깨달을 때 철학자가 되고 지도자가 된다고 주장했다. 하지만 맹자는 백성들의 마음을 얻을 때만 바른 지도자가 된다고 말한다. 따라서 지도자는 백성들의 마음을 얻는 데 관심을 기울이면 되는 것이다. 그렇다면 백성들의 마음을 어떻게 얻을 수 있을까?

천하를 얻는 것에는 원칙이 있으니, 백성을 얻으면 곧 천하를 얻는다. 백성을 얻는 데는 원칙이 있으니, 백성의 마음을 얻으면 곧 백성을 얻는 것이다. 백성의 마음을 얻는 데는 원칙이 있으니, 백성들이 원하는 것을 그들에게 주고 싫어하는 것을 하지 않는 것이다.

— 〈이루(離婁)〉

맹자는 백성들이 필요한 것을 채워 주고 하기 싫은 것을 시키지 않으면 된다고 한다. 정말 간단하다. 하지만 실제로 많은 지도자들은 이러한 간단한 원칙을 지키지 않는다. 오히려 백성들이 필요한 것은 빼앗아 가고 하기 싫은 것을 시킨다. 왜냐하면 자신들의 권력이 백성에게서 나오는 것이 아니라 자기가 잘나서 지도자가 된 줄 알기 때문이다.

4

역성
혁명 易姓革命

안타깝지만 모든 지도자가 백성들을 위해서 나라를 통치하는 것
은 아니다. 맹자가 살던 시대를 비롯해서 현재에 이르기까지 백성
들의 마음을 얻지 못한 정치 지도자는 수도 없이 많다. 그렇다면
과연 이들을 지도자라고 할 수 있을까? 맹자는 단호하게 아니라
고 말한다.

> 제나라 선왕이 물었다. "상(商)나라 탕왕이 하(夏)나라 걸왕을
> 추방하고 주(周)나라 무왕이 주임금을 쳤다고 합니다. 신하가 자기
> 임금을 죽여도 괜찮습니까?" 맹자가 대답했다. "인(仁)을 해치는 사
> 람을 도적이라고 하고, 의(義)를 해치는 사람을 잔악하다고 합니다.
> 이렇게 잔악한 도적은 그냥 한 명의 남자일 뿐입니다. 한 명의 남자
> 인 주를 베었다는 말은 들었습니다만 임금을 죽였다는 말은 듣지
> 못했습니다." —〈양혜왕〉

충격적인 이야기다. 맹자는 신하가 임금을 죽여도 괜찮으냐
는 물음에 백성을 위하지 않는 왕은 왕이 아니라고 대답하고 있
다. 즉 왕은 백성들을 잘 돌볼 때만 왕일 수 있으며, 그렇지 않은
왕은 결코 왕이 아니며 쫓아낼 수 있다는 것이다. 이러한 맹자의
생각을 '역성혁명 사상'이라고 한다. 역성혁명이란 '성씨를 바꾸
는 혁명'이라는 뜻인데, 왕이 무엇이든 원하는 대로 할 수 있던 시

대에 살았던 맹자가 이런 급진적인 생각을 했다는 것이 놀랍다. 여기에서 중요한 것은 이 역성혁명 사상에 깃들어 있는, 백성을 가장 우선시하는 맹자의 마음이다. 백성을 위한 정치를 하지 않는 지도자는 언제든지 도덕적이고 올바른 정치를 하는 사람에 의해 자리를 빼앗길 수 있다.

3장에서 살펴본 것처럼, 서양에서는 17세기에 로크에 의해서 국민의 저항권이 주장되었다. 로크의 저항권은 정부나 정부의 지도자가 백성들의 안녕을 위협할 때 정부를 해체할 수 있다는 내용으로, 굉장히 큰 논란을 불러일으켰다. 당시 왕이 다스리는 사회였던 영국에서 왕은 신의 권위를 부여받은 사람이라고 여겨졌으니, 국가의 지도자를 쫓아낼 수 있다는 로크의 주장이 얼마나 충격적이었을지 짐작할 수 있을 것이다. 하지만 동양의 맹자는 백성이 지도자를 바꿀 수 있다는 주장을 이미 2000년 전에 했던 것이다.

유토피아

1
유토피아
아무 데도 없는 곳에 있는 곳

한 번쯤은 '○○토피아'라는 이름을 단 상점을 본 기억이 있을 것이다. 기본적으로 '○○을 (잘)하는 곳' 정도의 의미로 사용되는데, 세탁소 이름으로 사용되는 '크린토피아'가 대표적인 예이다. 이 '○○토피아'라는 말을 처음으로 만들어 낸 사람은 토마스 모어인데, 그의 대표작《유토피아(Utopia)》에서 이상적인 사회를 지칭하는 단어 '유토피아'를 처음 사용한 것이다.

'유-토피아'는 고대 그리스어로 '장소'라는 의미를 가진 '토포스(topos)'와 '없다'는 의미를 가진 '유(ou)'를 결합해서 만든 말이다. 즉 '아무 데도 없는 장소'라는 뜻이다. 그런데 이상하지 않은가? 어떤 이상적인 사회가 있는데, 그런 이상적인 사회는 아무 곳에도 없다니, 이게 대체 무슨 말인가? 아마도 토마스 모어가 '유토피아'라는 말을 만들었을 때는 우리가 꿈꾸는 '이상적인 사회' 즉 유토피아는 우리 상상 속에서 존재할 뿐 현실세계에서는 존재할 수 없다고 생각했던 것 같다.

우리 모두가 꿈꾸는 이상 사회가 사실은 어디에도 존재하지 않는다니 왠지 슬프다는 생각을 하는 사람도 있을 것이다. 하지만 달리 생각해 보면, 우리가 꿈꾸는 유토피아가 '아직은' 또는 '지금은' 아무 곳에도 존재하지 않기 때문에 우리는 그 유토피아가 '곧' 현실 속에서 만들어질 수 있도록 그토록 노력하는 것은 아닐까? 재미있는 것은 고대 그리스어의 '없다'는 의미를 가진 'ou'는 '좋다'는 의미를 가진 'eu'와 발음이 비슷하다. 즉 유토피아는 아무 데도 없는 곳이며 동시에 '좋은 곳'이라고 할 수도 있다. 지금은 없는 그 좋은 곳을 지금-여기에 만들기 위해서 우리가 더 노력해야 한다는 의미도 담고 있는 것이다.

토마스 모어의 《유토피아》는 크게 1부와 2부로 나뉘어 있다. 1부는 모어가 살던 당시의 영국사회 현실을 적나라하게 비판하고 있고, 2부는 모어가 꿈꾸는 유토피아의 모습을 상세하게 묘사하고 있다. 토마스 모어가 생각한 '아무 곳에도 없는', 하지만 '좋은' 유토피아는 과연 어떤 모습을 한 곳일까?

2
양이 사람을
잡아먹는다고?

《유토피아》에서 토마스 모어는 다음과 같이 이해하기 힘든 말을 한다.

양들은 원래 성격이 온순한 동물인데 요즘은 사람들까지 잡아먹고 있습니다. 양들이 마을뿐만 아니라 도시에서 사람들을 없애 버리고 있습니다. —1부

아니, 사람이 양을 잡아먹는다는 이야기는 들어 봤어도 양이 사람을 잡아먹는다니 이 무슨 해괴망측한 말인가? 영국에 사람을 잡아먹는 식인양이라도 등장했던 것일까? 토마스 모어의 이 이상한 말을 이해하기 위해서는 당시 영국에서 일어난 '인클로저(Enclosure) 운동'에 대해서 알아야 한다. 인클로저 운동은 우리말로는 '울타리 치기' 운동이라는 뜻이다. 그런데 왜, 어디에 울타리를 치려고 '운동'까지 하는 것일까? 토마스 모어가 《유토피아》를 쓸 당시 영국에서는 양털을 이용하는 모직 산업이 발달하여 양털의 값이 크게 올랐다. 그래서 농사를 짓는 것보다 양을 키우는 것이 더 돈이 되었기 때문에 토지를 소유하고 있던 귀족과 성직자들은 농사를 짓던 땅에 울타리를 치고 양을 키우기 시작한다. 그럼 당연히 토지 소유자들에게 땅을 빌려 농사를 짓던 사람들은 울타리 밖 거리로 쫓겨날 수밖에 없었다.

가장 훌륭하고 값비싼 양털이 생산되는 지역에서는 성직자들은 물론 귀족들도 그들의 토지에서 나오는 소작료에 불만을 품게 되었습니다. 그래서 그들은 한 조각의 경작용 토지도 남겨 놓지 않고 자신들의 토지에 울타리를 치고 양을 키우는 목장을 만들었습니다. 그들은 교회를 제외한 모든 집을 허물고 심지어 마을 전체를 파괴해 버리기까지 합니다. 교회는 그저 양들의 우리로 사용하기

위해 남겨 둔 것입니다.

　그 결과 무슨 일이 일어났을까요? 탐욕스러운 한 명의 인간이 자신의 고향을 마치 악성 종양처럼 야금야금 먹어 치우고, 들판들을 차례로 집어삼켜 수천 에이커의 땅을 울타리 하나로 에워싸 버립니다. 그 결과 수백 명의 농민들이 자신이 살던 곳에서 쫓겨납니다. 농민들은 속임수나 협박으로 땅을 포기하기도 하고, 조직적인 괴롭힘에 못 견디어 땅을 팔 수밖에 없게 됩니다. 어떤 이유든 간에 이 불쌍한 농민들은 자기들의 땅에서 쫓겨나게 되는 것입니다. — 1부

　결국 농민들이야 어떻게 되든 말든 돈이 되는 양을 키워서 큰돈을 벌어 보겠다는 귀족과 성직자들의 욕심 때문에 농민들은 거리로 쫓겨나는 신세가 되었다. 많은 사람이 농사를 지어 생계를 꾸려 가던 땅을 하루아침에 양에게 빼앗기고, 이제 남아 있는 일자리라고는 그 넓은 땅에서 양을 지킬 목동뿐이니 수많은 농민들이 갈 곳 없는 부랑자나 거지가 될 수밖에 없었을 것이다. 그런데 당시 지배층들은 이렇게 떠돌아다니던 농민들이 잡히면 부랑자라는 이유로 처음에는 매로 때리고, 두 번째는 귀를 자르고, 세 번째는 교수형에 처했다고 한다. 그러니까 '양이 사람을 잡아먹는다'는 토마스 모어의 말은 말 그대로 양 때문에 결국 사람이 죽게된 현실을 말한 것이다. 그래서 모어는 온순한 양이 사람을 잡아먹는다고 한 것이다.

　농민들은 정든 고향집을 떠나야 하는데, 다른 살 만한 곳을 어디에서도 찾지 못합니다. 그들이 사용하던 가구들도 큰돈이 되지

않고 또 적당한 값을 받을 때까지 기다릴 만한 시간적 여유도 없기 때문에 헐값으로 팔아 버립니다. 여기저기를 떠도는 동안 그나마 이 적은 돈도 다 써 버리게 돼 도둑질하는 것 이외에는 그들이 할 수 있는 일이 없습니다. 물론 부랑자나 거지가 될 수도 있습니다. 하지만 그런 경우에도 그들은 떠돌이 부랑자라고 체포되어 게으르다는 죄로 감옥에 들어가게 됩니다. 그들이 아무리 일하기를 원해도 아무도 일자리를 주지 않습니다. 곡식 생산을 위해 일손을 필요로 했던 농경지들이 없어져 이제는 양을 돌보는 목동 한 명 정도만 필요하기 때문입니다. ―1부

　그런데 '양이 사람을 잡아먹는다'는 말을 양들이 들었다면 좀 억울해했을 것이다. 왜냐하면 사실 가난한 농민들을 거리로 쫓아낸 것은 양이 아니라, 농민을 쫓아내고 양을 키워서 더 많은 돈을 벌려고 했던 당시 지배층의 욕심이기 때문이다. 사실 생각해 보면 양이 사람을 잡아먹은 것이 아니라 돈에 대한 욕심이 결국 사람까지 잡아먹은 것이다.

　토마스 모어는 농민들이 나쁘거나 게을러서 도둑이나 부랑자 또는 거지가 되는 것이 아니라고 말한다. 문제의 근본 원인은 당시 영국사회를 지배하고 있던 귀족과 성직자들의 탐욕이고, 그들이 지배하고 있는 사회제도이

기 때문이다. 이처럼 토마스 모어는 개인의 불행을 개인의 잘못에서 찾지 않고 사회에서 찾는다. 개인의 문제를 해결할 수 있는 근본적인 방법은 사회제도를 개선하는 것에서 시작해야 한다고 생각한 것이다. 사실 이러한 생각은 우리가 지금까지 살펴본 《국가》와 《맹자》에서도 역시 발견할 수 있다. 개인의 어려움을 해결하기 위해서는 사회정의가 확립되어야 하고 이러한 생각이 바로 이상적인 국가의 출발점인 것이다.

> 어린 시절부터 부패하고 타락한 상황 속에서 자라도록 방치해 놓고 그들이 어른이 되어 범죄를 저지르게 되면 처벌하기 시작합니다. 이것은 마치 도둑이 되도록 만들어 놓고는 도둑이 되었다고 처벌하는 것과 같습니다. ─1부

이처럼 토마스 모어는 사회문제의 근본 원인을 찾으려고 하고 있다. 한번 곰곰이 생각해 보자. 거리의 부랑자와 거지로 전락한 사람들이 그저 능력이 없거나 충분한 노력을 하지 않았기 때문에 부랑자나 거지가 된 것일까? 사회에 아무런 도움도 되지 않는 부랑자와 거지를 모조리 교수형에 처하면 사회에는 부랑자와 거지가 완전히 사라질까? 아마 그렇지 않을 것이다. 먼저 사람들이 도둑이나 부랑자가 되지 않을 수 있는 사회를 만들어야지, 도둑이나 부랑자가 될 수밖에 없는 사회를 만들어 놓고 도둑이나 부랑자가 되었다고 처벌하는 것은 문제의 근본 해결책이 될 수 없다. 토마스 모어는 사회에 문제가 생기는 근본 이유를 찾아내고 이를 고치는 것이 이상적인 사회를 만들어 가는 길이라고 주장한다.

3
유토피아
'내 것'이 없는 사회

그럼 토마스 모어가 제시한 근본적인 해결책은 무엇일까? 모어는 사유재산을 없애는 것이라고 말한다. 즉 아무도 '내 것'을 소유하지 않는 사회가 바로 유토피아의 시작이라는 것이다. 그런데 왜 '내 것'을 소유하지 않는 것이 중요할까?

앞에서 본 것처럼 '양이 사람을 잡아먹은' 이유도 결국 더 많은 돈을 벌려는 인간의 욕심 때문이다. 우리는 이러한 욕심 때문에 다른 사람의 것을 빼앗으려 하고, 내가 정말 하고 싶은 일을 하며 사는 삶을 꿈꾸기보다는 남보다 더 많이 가지기 위한 삶을 선택한다. 따라서 사회에서 '내 것', 즉 사유재산을 없앤다면 그래서 부자도 가난한 사람도 사라진다면, 누구도 남보다 더 많은 돈을 벌기 위해서 남을 괴롭히지 않을 것이고, 또 더 많은 '내 것'을 가지려고 아등바등 살기보다는 내가 하고 싶은 일을 하면서 살 수 있게 될 것이다.

사유재산이 존재하는 사회, 모든 것이 돈으로 평가되는 사회에서 진정한 정의나 진정한 번영은 불가능합니다. 몇몇의 가장 나쁜 사람들과 극소수의 부자들이 모든 부를 소유하는 것을 정의나 번영이라고 할 수 없습니다. 대부분의 사람들이 비참한 생활을 한다면 극소수의 부자들도 행복하지는 않을 것입니다. ─ 1부

우리는 앞에서 플라톤의 《국가》를 살펴보면서, 플라톤이 꿈꾸던 이상 국가는 통치자가 사유재산을 가지지 않는 사회라는 것을 알게 되었다. 그런데 《유토피아》에서 토마스 모어는 플라톤의 이상 국가보다 한발 더 나아가 통치자를 포함한 모든 사람의 사유재산이 폐지된 사회를 꿈꾼다.

저[토마스 모어]는 플라톤의 견해에 공감합니다. 누구보다 현명했던 그에게 재산의 평등한 분배가 행복한 사회를 만드는 유일한 방법이라는 것은 너무도 명백했습니다. 그런데 저는 자본주의 체제 아래에서 그런 평등한 분배는 불가능하다고 생각합니다. 왜냐하면 각자가 능력에 따라 얼마든지 재산을 차지할 수 있도록 하면, 재산이 아무리 많이 존재한다 하더라도 반드시 소수의 손에 들어가게 됩니다. 그 외의 사람들은 모두 가난해지게 됩니다.

그러므로 사유재산이 완전히 폐지되지 않는 한, 재산의 공정한 분배나 만족스러운 삶이 가능하지 않다는 것은 절대적으로 확실합니다. 사유재산이 존재하는 한, 절대 다수의 사람들은 가난, 고난 그리고 근심의 짐으로 인해 고통 받을 수밖에 없습니다. 물론 이러한 짐을 가볍게 할 수는 있겠지만 그 짐을 없앨 수는 없습니다. 한 사람이 소유할 수 있는 돈이나 토지의 한도를 법으로 제한하거나 법으로 공직을 사고팔지 못하게 할 수도 있습니다. 하지만 이러한 종류의 법률은, 마치 만성질환 환자가 지속적인 치료로 어느 정도 회복되는 것처럼 분명히 증상을 완화시킬 수 있을 것입니다. 그러나 사유재산 제도가 존재하는 한 완치될 희망은 없습니다. 어떤 사람에게 약이 되는 것이 다른 사람에게는 독이 되는 것처럼, 사유

재산이 인정되는 사회에서 어떤 사람에게 돈을 주려면 다른 사람의 돈을 빼앗지 않으면 안 됩니다. — 1부

지금 거리에 있는 부랑자와 거지를 교수형에 처한다고 해서 부랑자나 거지가 되는 사람이 없어지는 것은 아니다. 부랑자와 거지를 만들어 내는 근본 원인을 제거하지 않으면 또 다른 부랑자와 거지가 나올 것이다. 사회에 질병이 있다면 질병의 원인을 제거해야지 고통을 일시적으로 덜어 주는 치료법은 그다지 소용이 없을 것이다. 토마스 모어는 사회 '악'의 근본 원인을 사유재산이라고 보았다. 사회에 만연한 욕심의 부작용을 줄이기 위해서 이런저런 제도를 만들어 봐야 근본적인 해결책이 될 수는 없다. 이 욕심을 만들어 내는 근본 원인인 사유재산을 폐지해야만 한다.

유토피아에서는 사유재산이 없기 때문에 사람들은 자신의 이익보다는 공공의 이익을 우선으로 생각합니다. 또 모든 것이 공동의 소유이므로 결핍의 공포를 느끼지 않습니다. 무언가를 소유하고 있는 사람은 없지만 모든 사람이 부자인 사회입니다. 유토피아에서는 돈이 사라졌고 돈에 대한 욕심이 사라졌기 때문에 많은 사회문제와 범죄가 사라졌습니다. 돈이 사라지는 순간 돈으로 인한 불안, 두려움, 긴장, 걱정, 불면의 밤도 사라집니다. 돈이 사라지게 되면 가난이란 문제 자체도 즉시 사라지게 됩니다. — 2부

4
유토피아는 어떤 모습일까?
노동은 줄이고 자유시간은 늘리고

토마스 모어는 《유토피아》 2부에서 자신이 꿈꾸고 있는 유토피아의 모습을 구체적으로 보여 준다. 사유재산이 폐지된 유토피아의 모습은 어떤 모습일까?

　　유토피아에서는 평일의 경우 하루에 총 6시간을 일합니다. 오전에 3시간 일하고 점심을 먹고 2시간 휴식을 취한 뒤, 오후에 3시간 더 일하고 저녁을 먹습니다. 그들은 8시간을 잡니다. 나머지 시간은 자신이 좋아하는 일을 하면서 자유롭게 보냅니다. 유토피아 사람들은 자유 시간을 빈둥거리면서 보내지 않습니다. 매일 아침 자발적으로 참석할 수 있는 공개강좌가 열리기 때문에, 대부분의 사람들은 자유 시간을 교육을 받는 데 사용합니다. 모든 계층의 남녀들이 자신의 관심사에 따라 강좌를 들으려고 몰려듭니다.

　　유토피아에서는 사람들이 불필요한 일을 하도록 강요하지 않습니다. 경제활동의 가장 중요한 목표는 사회적 상황이 허락하는 한 사람들에게 육체노동 시간을 줄여 주고 정신을 계발할 수 있도록 가능한 한 많은 자유 시간을 제공하는 것입니다. 그들은 이것이 행복한 삶의 비결이라고 생각하고 있습니다.

　　토마스 모어가 생각한 사유재산이 폐지된 유토피아는 노동 시간을 최소한으로 줄여 사람들이 최대한 많이 자유 시간을 누리는 사회다. 물론 토마스 모어가 말하는 자유 시간은 집에서 그냥 빈둥빈둥 늦잠을 자거나 게임을 하거나 텔레비전을 보기 위한 시간이 아니라 우리가 하고 싶은 것을 '자유롭게' 하는 시간이다.

자, 그럼 유토피아에 살면서 충분한 자유 시간을 가진다고 가정해 보자. 이제 우리가 하고 싶은 것을 마음껏 할 수 있다. 그런데 무엇보다 먼저 우리가 하고 싶은 것이 무엇인지를 알아야 하지 않을까? 토마스 모어는 유토피아에서 우리가 하고 싶어 하는 것, 그것은 다름 아닌 배움이라고 말한다. 다시 말해서, 이상적인 사회인 유토피아에서 행복한 삶, 이상적인 삶은 돈을 많이 벌어서 부자가 되거나 다른 사람보다 높은 지위에 오르는 것이 아니라 자기의 개성을 찾아서 그에 맞는 배움을 추구하는 삶이라는 것이다. 이것이 바로 유토피아에서 행복해지는 비결이다.

5
풀뿌리민주주의 사회

유토피아에 사는 사람들은 개인적으로는 고된 노동에서 해방된 자유로운 삶을 사는 동시에 사회적으로는 민주적인 삶을 영위한다. 토마스 모어의 유토피아에서는 사람들이 민주적인 삶을 산다는 것이 바로 플라톤이 《국가》에서 생각한 이상 국가와 크게 다른 부분이다. 플라톤은 《국가》에서 이상 국가는 민주주의 국가가 아니라 철학자가 다스리는 국가라고 주장했다. 즉 플라톤의 이상 국가는 나라를 다스리는 철학자 통치자, 국가를 지키는 군인, 그리고 생산을 담당하는 생산자들이 각자 자기 맡은 바 일을 열심히 하는 계급사회였다. 생산자들은 나라의 통치에 참여하기보다는 통치자의 말에 잘 복종할 때 이상적인 국가가 된다. 하지만 토마스 모어는 《유토피아》에서 주민들이 스스로 정치에 참여하는 민주주의사회를 그리고 있다.

유토피아에서는 모든 인구는 30세대로 이루어진 단위로 나누어지고, 한 단위당 매년 한 명의 공무원이 선출됩니다. 옛날에는 그 공직자를 '시포그란투스'라고 불렀으나, 지금은 '필라르쿠스'라고 부릅니다. 그리고 시포그란투스 열 명과 그들이 대표하는 세대들을 관리하는 사람을 선출하는데, 이 사람을 '트라니보루스' 혹은 '프로토필라르쿠스'라고 합니다.

각 도시에는 200명의 시포그란투스가 있으며, 이 사람들이 시장을 선출합니다. 그들은 가장 적합하다고 생각하는 사람을 선출할 것을 엄숙히 선서한 후 비밀 투표로 시장을 선출합니다. 시장은 전체 주민에 의해 선출된 후보 중의 한 명이어야 합니다.

중요한 문제가 발생하면 시포그란투스 회의에 회부되며, 시포그란투스는 자신이 맡고 있는 세대 전체에 이 문제를 설명하고 그에 대해 함께 토의한 후에 그들의 의견을 트라니보루스 회의에 보고합니다. 이런 문제는 때로는 전체 회의에 넘겨지기도 합니다. ─ 2부

유토피아 사람들은 자신의 지도자를 자신의 손으로 선출하고 이렇게 선출된 사람들과 함께 유토피아의 중요한 문제를 토의

한다. 30세대라는 작은 단위를 바탕으로 그 단위에 속하는 사람들의 의견을 대변하는 대표를 선출하고, 이들이 모여 시장이나 국가 지도자를 선출한다. 그리고 유토피아에서 중대한 문제는 지혜로운 통치자가 일방적으로 국민에게 명령하는 것이 아니라 한 사람 한 사람이 의사결정의 주체가 되는 토론을 통해서 결정된다. 이는 마치 현재 대한민국의 모든 국민이 일정한 나이가 되면 자신이 살고 있는 지역의 구의원과 시의원을 뽑고, 또 국회의원과 대통령을 뽑는 선거제도와 비슷하다.

이처럼 토마스 모어는 지금으로부터 거의 500년 전인 1516년에 쓴 《유토피아》에서 민주적인 지방자치제도를 이상적인 사회의 모습으로 묘사했다. 왕이 지배하던 시대에 사람들 모두가 평등한 이러한 민주적인 사회를 그린 토마스 모어의 지혜가 돋보이는 대목이다. 이처럼 어쩌면 '유토피아'는 하나의 존재하는 장소가 아니라 지금은 '아무 데도 없는 곳'이지만 그 '좋은 곳'을 지금-여기에 실현시키려는 사람들의 노력을 가리키는 말이라고 할 수 있다. 지금보다 좀 더 나은 사회를 만들려는 노력, 그것이 바로 유토피아인 것이다.

정리해 봅시다

지금까지 살펴본 플라톤, 맹자, 토마스 모어의 이상 국가 프로젝트를 정리해 볼까요.

우선 플라톤의 이상 국가는 나라를 다스리는 통치자, 국가를 지키는 군인, 그리고 생산을 담당하는 생산자들이 각자 자기 맡은 바 일을 열심히 하는 계급사회입니다. 둘째, 군인 계급과 통치자 계급은 사유재산을 가져서는 안 됩니다. 왜냐하면 '내 것'이 있으면 나라 전체보다는 나의 이익을 먼저 생각하게 될 것이기 때문이지요. 마지막으로 플라톤의 이상 국가는 철학자가 나라를 다스리는 '철인정치'가 이루어지는 사회입니다.

맹자의 이상 국가는 왕이 백성들을 덕으로 다스리는 '왕도정치'가 실현되는 사회입니다. 덕으로 다스린다는 것은 왕이 부모의 마음으로 백성들을 측은히 여기고 마음으로 돌보는 것입니다. 물론 왕도정치를 실현시키기 위해서는 마음만이 아니라 토지 분배, 세금과 같은 제도적인 정비도 함께 이루어져야 합니다. 맹자는 이러한 왕도정치를 하지 못하는 왕은 백성들이 쫓아낼 수도 있다고 주장합니다.

토마스 모어의 이상 국가는 플라톤의 이상 국가보다 한발 더 나아가 통치자에게뿐만 아니라 사유재산 자체가 폐지된 사회입니다. 왜냐하면 모든 사회악의 뿌리에는 사유재산 제도가 있기 때문이지요. 또한 플라톤의 이상 국가가 계급사회라면 토마스 모어의 이상 국가는 국민들이 자신의 지도자를 손수 뽑는 민주주의 사회입니다. 즉, 플라톤의 이상 국가에서처럼 지혜로운 통치자가 일방적으로 국민에게 명령하는 것이 아니라, 중요한 문제는 한 사람 한 사람이 의사결정 주체가 되어 토론을 통해서 결정하는 사회입니다.

이상 국가 프로젝트

	플라톤	맹자	토마스 모어
사회의 구조	• 계급사회 (통치자, 군인, 생산자 계급의 조화 강조)	• 계급사회 (백성>나라>왕)	• 민주사회
정치의 방법	• 통치자 중심적 철인정치	• 민본주의적 왕도정치	• 선거와 토론을 통한 국민의 정치 참여
주요 제도	• 군인과 통치자 계급의 사유재산 폐지	• 토지제도와 세금제도 개혁, 약자의 보호	• 사유재산의 전면 폐지

5장
좋은 지도자란
누구일까

• 《논어》 • 한비자 《한비자》 • 마키아벨리 《군주론》

공자
孔子
BC551~
BC479

한비자
韓非子
BC280?~
BC233

니콜로
마키아벨리
Niccoló Machiavelli
1469~1527

고대 중국의 사상가.

유교의 창시자이다. 중국 춘추시대에 노(魯)나라에서 태어났다.
처음에는 노나라에서 벼슬을 시작했지만 이후 여러 나라를 돌아다니면서
제후들에게 자기 사상을 알렸다. 만년에는 노나라로 돌아와 제자를 교육하고
경전을 편찬하는 일에 힘썼는데, 제자의 수가 3000명이 넘었다고 전해진다.
'인(仁)'과 '예(禮)'로 나라를 다스려야 한다고 주장했으며
'군자(君子)'라는 이상적 인간상을 제시했다. 《논어》는 공자의 제자들이 엮은 것인데
주로 공자가 제자들과 주고받은 말을 짧고 함축적으로 담고 있는 유교 경전이다.
동아시아 문화에 큰 영향을 끼친 고전이다.

고대 중국의 사상가.

중국 전국시대에 한(韓)나라에서 태어났다. 순자(荀子)의 제자로 법가 학파를 대표하는 인물이다.
말은 어눌했지만 문장에는 탁월한 재능을 가지고 있어서 그의 글을 본 진나라의 시황제는
"이 사람과 만날 수 있다면 죽어도 한이 없겠다."라고 말할 정도였다.
어릴 적 친구의 모함으로 감옥에서 독약이 든 술을 마시고 죽었다.
한비자는 도덕을 강조한 유가에 반대하고 법질서를 강조했으며 이러한 생각은
이후 중국 정치체제에 큰 영향을 끼쳤다. 《한비자》는 한비자가 쓴 글과
한비자의 제자나 법가에 속하는 학자의 글이 섞여 있는 법가사상을 대표하는 책이다.
인간과 권력에 대한 새로운 관점을 제시하는 동양의 대표적인 고전이다.

이탈리아의 정치이론가이자 역사학자.

도시국가 피렌체 공화국에서 주로 외교 업무를 담당했다.
스페인의 공격으로 피렌체 공화국이 무너지고 메디치 가(家)의 군주정이 복원되자
공직에서 추방당했다.
이후 메디치 정부에 대한 반란죄로 투옥되지만 교황의 특사로 석방된다.
메디치 정부의 공직에 참여하기 위해서 《군주론》을 집필하지만
뜻대로 되지 않자 칩거하면서 저술활동에 매진한다.
《군주론》은 군주가 정치권력을 차지하고 유지하기 위해서 필요한
실질적인 태도와 방법을 조언한 책으로 근대 정치사상의 기원이 되었다.

지금까지 우리는 국가가 어떻게 만들어졌는지,

또 그렇게 만들어진 국가는

어떻게 이상적인 국가가 될 수 있는지에 대해 살펴보았다.

이번 장에서는 좀 더 구체적으로

어떻게 국가를 통치하는 지도자가 좋은 지도자일까에 관해

고민한 고전들을 이야기해 보려고 한다.

'자연 상태'에서뿐만 아니라 다양한 사람들이

모여 사는 현실 속의 국가에서도

여러 가지 대립과 분쟁이 끊이질 않는다.

사람들의 생각이 다르고 원하는 것이 다르기 때문일 것이다.

좋은 지도자는 사회 속에 존재하는 이런 대립과 분쟁을

조정해서 국가를 잘 이끌어 나가는 지도자일 것이다.

그런데 이런 일을 할 수 있는 좋은 지도자가 어떤 덕목을

가진 사람인지, 그리고 좋은 지도자는 어떤 통치방법을 써야

하는지에 대해서는 사상가들마다 다른 생각을 가지고 있다.

우리는 이 장에서 대표적인 동서양 고전인 《논어》, 《한비자》,

《군주론》을 통해서 좋은 지도자에 관한

서로 다른 생각들을 살펴볼 것이다.

이 장을 읽으면서 여러분도 어떤 지도자가 좋은 지도자일지

한번 고민해 보기 바란다.

논어

1
올바른 통치란
무엇일까

정직에 대한 서로 다른 기준

★　　《논어(論語)》는 고대 중국의 사상가 공자(孔子)의 말과 행동을 기록한 책이다. 《논어》의 한 구절로 시작해 보자. 중국의 초나라에서 아버지가 양을 훔치자 자식이 그것을 고발한 일이 일어났다.

> 섭공(葉公)이 공자에게 말하였다. "우리 마을에 정직한 사람이 있었는데 자신의 아버지가 양을 훔치자 아버지를 고발하였습니다." 공자가 대답했다. "우리 마을의 정직함은 좀 다릅니다. 아버지는 자식을 숨겨 주고 자식은 아버지를 숨겨 줍니다. 정직함이란 그런 것이지요." ─〈자로(子路)〉

아마 한 번쯤 이 이야기를 들어 본 적이 있을 것이다. 여기에는 두 가지 '정직함'이 등장한다. 첫 번째는 초나라의 섭공이 생각하는 정직함이다. 아버지가 양을 훔쳐서 법을 어겼다면 비록 훔친 사람이 아무리 아버지라도 법대로 고발하는 것이다. 두 번째는 비록 아버지가 양을 훔쳤지만 원칙이나 법보다는 가족이나 나와 가까운 사람을 우선적으로 생각하는 것이다. 이 두 번째가 바로 공자가 생각하는 정직함이다.

그런데 좀 이상하다. 공자가 말하는 정직함이 우리가 생각하는 정직함과 좀 다른 것 같다. 정직하다는 것은 누가 잘못을 하든지 그 잘못을 지적하고 그에 맞는 벌을 받게 하는 것이 아닌가? 그런데 공자는 왜 법을 어긴 아버지를 숨겨 주는 것이 정직하다고 말한 것일까? 공자는 아버지를 고발하면 법과 원칙은 지켜질지 모르지만, 그렇게 되면 사람들은 가족도 서로 고발할 수 있다는 생각을 가지게 되고 결국 사회를 이루는 근본인 가족이라는 공동체는 무너지고 말 것이라고 생각한 것 같다. 이렇게 한번 생각해 보자. 동생이 다른 사람의 물건을 훔쳤다는 것을 알았을 때, 나는 동생을 신고하는 것이 맞을까 아니면 잘못을 덮어 주는 것이 맞을까? 여러분은 어떻게 행동할 것인가? 아마도 생각만큼 간단한 문제는 아닐 것이다.

하지만 공자가 생각하는 정직함에 대해서 비판한 사람이 있었다. 바로 또 다른 중국의 사상가 한비자였다. 그는 앞서 소개한 공자의 이야기에 대해서 다음과 같이 말한다.

초나라에 '직궁(直躬)'이라는 사람이 있었다. 그의 아버지가 양을 훔치자 직궁은 관청에 가서 그 사실을 고발하였다. 초나라의 관리는 아들이 임금에게는 충성을 했을지 모르지만 아버지를 고발한 불효자식이기 때문에 그를 죽이라고 명령하였다. 자식을 처벌하자 초나라에서 군주는 더는 백성들의 불법적인 행위에 대한 보고를 들을 수 없게 되었다. ─《한비자》〈오두(五蠹)〉

한비자는《논어》에서 소개된 내용과 조금 다른 이야기를 전해 들은 것 같다. 초나라에서 한 아들이 양을 훔친 아버지를 고발했는데, 초나라의 관리는 법을 어긴 아버지를 벌하기는커녕 오히려 아버지를 고발한 아들을 불효자식이라고 처벌했다. 아버지를 고발한 자식을 도리어 불효자식이라고 벌하자 그때부터 초나라 사람들은 불법적인 일을 보고도 아무도 신고를 하지 않게 된다. 즉 법과 원칙이 지켜지지 않게 되고 결국에는 나라가 위태롭게 되었다. 그래서 한비자는 공자가 생각하는 정직함을 비판하고 있다.

올바른 통치에 대한 서로 다른 생각

그런데 왜 공자와 한비자는 똑같은 사건을 두고 이렇게 다른 평가를 하는 것일까? 왜 공자는 양을 훔친 아버지를 신고해서는 안 된다고 말하고, 한비자는 신고해야 한다고 말하는 것일까? 여기 공자와 한비자의 생각의 차이점을 보여 주는 또 다른 이야기가 있다. 공자가 노(魯)나라에서 벼슬을 하고 있을 때였다. 이웃나라인 제(齊)나라와의 전투에서 어느 병사가 싸우지 않고 세 번이나 도망쳤다. 병사가 전투에서 도망쳤으니 낭연히 그 병사는 군법을 어긴 죄로 붙잡혀 왔다.

> 노나라 사람이 임금을 따라 전쟁에 세 번 나갔는데 세 번 모두
> 도망쳤다. 공자가 그를 처벌하기에 앞서 왜 도망쳤느냐고 물어보
> 았다. 그러자 그가 대답했다. "저에게는 봉양해야 할 늙은 아버지가
> 계십니다. 제가 죽으면 돌볼 사람이 없습니다." 공자는 그를 처벌하
> 기는커녕 도리어 효자라고 칭찬하고 승진까지 시켜 주었다. 이 사
> 람은 아버지에게는 효자였을지 모르지만 임금에게는 배반한 신하
> 일 뿐이다. ─〈오두〉

이 이야기에서 볼 수 있는 것처럼 공자는 나라를 지키기 위해
서 필요한 '군법'보다는 늙은 부모님을 돌보는 '효도'가 우선이라
고 생각한다. 그래서 공자는 전쟁터에서 도망친 사람을 벌하기는
커녕 상을 준다. 공자가 생각하기에 사람의 가장 중요한 도리는
부모에게 효도하는 것이고 이런 가족 공동체가 존재해야지 나라
도 바로 설 수 있기 때문이다. 그런데 한비자는 이 이야기를 듣고
공자를 비판했다. 한비자는 공자처럼 전쟁에서 도망치는 백성을
처벌하지 않고 용서해 주면 그 나라는 어떤 전투에서든 쉽게 패하
고 말 것이며, 그렇게 되면 국가가 유지될 수 없을 것이라고 생각
했기 때문이다.

이와 같이 동일한 사건을 두고 공자와 한비자의 생각이 다른
이유 중의 하나는 그들이 생각하는 '올바른 통치'에 대한 생각이
달랐기 때문이다. 이제 왜 그들의 생각이 달라질 수밖에 없는지를
'올바른 통치'라는 렌즈를 통해 한번 살펴보도록 하자.

2
덕치주의 德治主義

통치자는 북극성,
백성은 북극성을 따라 회전하는 별들

왜 공자는 아버지의 잘못을 덮어 주고 전쟁터에서 도망친 아들을
칭찬했을까? 그것은 공자가 생각하는 '올바른 통치'란 법과 제도
로 가족이든 타인이든 공평하게 통치하는 것이 아니라 자식이 어
버이를 공경하고 어버이가 자식을 사랑하는 마음, 즉 '덕'으로 다
스리는 것이기 때문이다. 이것을 '덕치(德治)'라고 한다.

그렇다면 왜 공자는 법으로 다스리는 것보다 덕으로 다스리
는 것이 올바른 통치라고 생각한 것일까? 공자는 나쁜 짓을 한 사
람에게 법을 엄격하게 적용해서 벌을 내리더라도 그가 스스로 반
성하지 않는다면 결국 또다시 나쁜 짓을 저지를 것이라고 생각했
다. 즉 법이 두려워서 나쁜 짓을 하지 않는 사람은 법의 처벌을 받
지 않을 가능성만 있다면 언제든지 나쁜 짓을 하게 된다는 것이
다. 따라서 다소 시간이 걸리더라도 덕과 예절로 사람들의 심성과
행동을 변화시키는 것이 사회의 질서를 세우는 데 더 도움이 된다
고 생각한다. 이처럼 공자는 덕과 예절을 통해서 사람들이 마음속
에 있는 도덕성을 회복하고, 각자가 맡은 역할을 잘 수행할 때 좋
은 나라가 될 수 있다고 보았다.

그래서 공자는 《논어》 〈위정(爲政)〉편에서 다음과 같이 말한다.

백성을 명령으로 이끌고 형벌로 다스린다면 백성들은 형벌을 피하려고만 할 뿐 부끄러워하지 않는다. 백성을 덕으로 이끌고 예로 다스린다면 백성들은 잘못을 부끄러워할 줄 알고 잘못도 바로잡게 된다.

여기서 '백성을 명령으로 이끌고 형벌로 다스리는 것'이 법으로 다스리는 법치주의(法治主義)이다. 법치주의에 대해서는 잠시 뒤에 살펴보자. 반대로 백성을 '덕으로 이끌고 예로 다스리는 것'이 바로 덕치주의이다.

그럼 '덕'으로 나라를 다스린다는 것은 어떤 정치를 말하는 것일까? 《논어》를 통해서 공자가 생각하는 '덕치주의'에 대해 좀 더 알아보자.

덕으로 다스린다는 것은 마치 북극성이 제자리에 있고 여러 별들이 그것을 향해 도는 것과 같다. ─〈위정〉

무슨 말일까? 별들이 북극성을 기준으로 해서 회전을 하는 것처럼, 나라의 통치자가 기준을 잡아 주는 북극성처럼 먼저 모범을 보이고 덕을 실천한다면, 백성들은 자연스럽게 통치자를 본받아서 살게 되어 있다는 것이다. 마치 아이들이 어른들의 행동을 따라 하는 것처럼 백성들도 통치자의 행동을 따라 하게 된다. 한 나라의 통치자가 백성들로 하여금 자신의 행동을 진심으로 따라 하게 만드는 것은 법으로 강제할 수 있는 것이 아니라 백성들의 마음에서 우러나와야 가능한 것이다. 물론 아이가 어른들의 매가

무서워서 어른들이 시키는 대로 하는 '척'할 수는 있지만 그것은 아이가 진심으로 하는 행동이 아니듯이, 백성들도 법의 처벌이 두려워서 통치자의 명령을 지킬 수는 있지만 진심으로 따르지는 않을 것이다. 이렇게 마음에서 우러나와서가 아니라 처벌이 두려워서 법을 지키는 사회는 겉으로는 질서가 잡힌 것처럼 보이지만 진정한 공동체는 아니라고 공자는 생각한다.

이와 같이 공자는 통치자와 백성의 관계를 북극성과 별로 비유하기도 했지만, 또 바람과 풀의 관계에 비유하기도 한다. 들판의 풀은 바람이 부는 방향으로 눕는다. 마찬가지로 백성들은 통치자가 이끄는 방향으로 움직인다. 즉 풀이 눕는 방향이 바람에 의해 결정되듯이, 통치자가 덕을 실천할 때 백성도 통치자를 따라 움직인다는 것이다.

《논어》〈안연(顔淵)〉편을 보면 한 번은 이런 일도 있었다. 노나라의 정치가였던 '계강자(季康子)'라는 사람이 자기 나라에 도둑이 많다고 걱정을 하면서 "백성들이 도둑질을 하지 않게 하려면 어떻게 해야 할까요?"라고 물었다. 그러자 공자는 다음과 같이 대답했다. "진정으로 당신이 도둑질을 원하지 않으면 백성들은 상을 준다 해도 도둑질하지 않을 것입니다." 물론 공자가 계강자에게 이런 말을 한 개인적인 이유가 있었지만, 공자의 기본적인 생각은 백성들이 도둑질을 하지 않기를 원한다면 먼저 통치자가 도둑질을 하지 말아야 한다는 것이다. 다시 말해 법과 명령으로 백성들이 도둑질하지 않도록 강제할 것이 아니라 지도자가 먼저 모범을 보이는 것이 올바른 통치 방법이라는 것이다.

지도자 자신이 올바르면 명령을 내리지 않아도 잘 이행되고,
지도자가 올바르지 않으면 명령을 내려도 시행되지 않는다.
— 〈자로〉

법보다 도덕이 통치의 방법이 되어야 하는 이유

그럼 공자가 생각하는 것처럼, 법으로 백성을 다스리는 것보다 도덕과 예절로 백성을 다스리는 것이 정말 더 나은 방법일까? 남아메리카에 있는 나라 콜롬비아의 수도 보고타에서 일어난 일이다. 이 도시에 철학교수이자 수학교수인 '안타나스 모쿠스(Antanas Mokus)'라는 사람이 시장에 당선되었다. 당시 보고타는 각종 범죄와 부정부패가 만연한 도시였을 뿐만 아니라 시민들은 교통법규도 잘 지키지 않아서 교통문제도 심각했다. 그래서 안타나스 모쿠스 시장은 교통문제를 해결하기 위해서 새로운 정책을 시도한다.

우선 교통질서를 지키지 않는 난폭한 운전자들에게 높은 벌금을 부과하거나 강력한 처벌을 하는 대신 '시민들의 카드(citizens' cards)'라는 것을 제작하였다. 시민들은 난폭한 운전자들을 만나면 마치 비신사적인 경기를 한 축구선수에게 레드카드를 꺼내는 심판처럼 아래쪽을 가리키는 엄지손가락 그림이 인쇄된 카드를 꺼내 보이고, 반대로 매너 있는 운전자들에게는 위쪽을 가리키는 엄지손가락 그림이 인쇄된 카드를 꺼내 보였다. 결과는 어떻게 되었을까? 이 정책을 시행한 지 10년 정도가 되자 교통사고 사망자 수가 그 전에 비해 절반 이상 감소하였다. 그리고 무단횡단을 하는

사람들에게도 교통경찰이 높은 벌금을 부과하는 대신 어릿광대들이 따라가서 그들이 한 행동을 똑같이 했다. 즉 사람들이 자기가 한 일에 대해서 정말로 부끄러워하게 만든 것이다. 그러자 몇 달 만에 교통신호를 준수하는 보행자가 26퍼센트에서 75퍼센트로 급증했다고 한다.

안타나스 모쿠스 시장이 한 일은 교통법규를 지키지 않는 운전자와 보행자를 강력하게 처벌하는 대신에 그들이 한 행동을 스스로 부끄럽게 여기게 만들었고, 그 결과 사람들은 교통법규를 더욱 잘 지키게 되었다. 이 예는 강력한 법과 제도로 사람들을 바꾸려고 하기보다는 도덕과 예절로서 사람을 바꿀 수 있다는 사실을 보여 준다. (물론 이 예는 하나의 사례에 불과하고, 강력한 법과 질서로 사회의 질서를 유지한 예도 있다.)

이렇게 사람들을 덕으로써 변화시킬 수 있다는 공자의 생각에는 또 다른 생각이 숨어 있다. 그것은 바로 사람의 마음과 행동이 도덕적으로 변할 수 있다는 생각이다. 물론 이 생각의 바탕에는 사람들의 타고난 본성이 선하다는 믿음이 깔려 있다. '사람의 본성은 태어날 때부터 선하다'는 생각을 흔히 '성선설(性善說)'이라고 한다. 공자는 이러한 성선설을 구체적으로 주장하지는 않았지만 공자의 사상을 이어받은 맹자는 성선설을 강력히 주장한다. 물론 성선설과 반대로 '사람의 본성은 태어날 때부터 악하다'는 '성악설(性惡說)'도 있다. 이에 대해서는 이후에 좀 더 알아보도록 하자.

3
올바른 통치자
군자(君子)란 누구인가?

덕치의 제일은
믿음

그렇다면 공자가 생각하는 '덕치'를 펼치는 나라의 통치자는 어떤 사람일까? 공자는 이런 인물을 '군자(君子)'라고 부른다. 그럼 이제 군자는 어떤 사람인지 한번 알아보자. 공자에 따르면 군자는 말보다 먼저 실천을 하는 사람이다.

> 자공(子貢)이 물었다. "군자란 어떤 사람입니까?" 공자가 대답했다. "말하고자 하는 바를 먼저 행동으로 옮기고 나서 말을 하는 것이 군자이다."—〈위정〉

물론 공자가 자공에게 이런 말을 한 것은 자공이 말만 번지르르한 사람이었기 때문이었다. 하지만 공자가 보다 근본적으로 하고 싶었던 말은 군자는 말보다는 실천을 우선시해야 한다는 점이다. 한 나라의 통치자로서 군자는 왜 말보다 실천을 중요시해야 하는 것일까? 나라를 잘 다스리기 위해서는 백성들이 통치자를 믿을 수 있어야 하는데, 그러기 위해서는 통치자가 말만 그럴싸하게 하고서 아무것도 행하지 않는 모습을 보여서는 백성의 신뢰를 얻을 수 없기 때문이다. 공자는 한 나라의 질서는 법과 제도가 아

니라 통치자와 백성 사이의 믿음을 통해서 확립될 수 있다고 생각
한 것이다.

《논어》에는 앞서 군자에 대해서 물었던 자공이 정치에 대해
서도 묻는 장면이 나온다.

> 자공이 정치에 대해 물었다. 공자가 대답하기를, "경제(食)를
> 풍족하게 하고, 안보(兵)를 튼튼히 하며 백성들로 하여금 지도자를
> 믿도록(信) 하는 것이다." 자공이 말했다. "어쩔 수 없이 이 중에서
> 한 가지를 버려야 한다면 세 가지 가운데 무엇을 먼저 버려야겠습
> 니까?" 공자가 대답했다. "안보를 버려야지." 그러자 자공이 또 물
> 었다. "어쩔 수 없이 또 한 가지를 버려야 한다면 남아 있는 두 가지
> 가운데 어느 것을 먼저 버려야겠습니까?" 공자가 대답했다. "경제
> 를 버려야지. 예로부터 사람은 모두 죽게 마련이지만 백성들이 믿
> 어 주지 않으면 나라가 설 수 없기 때문이다." ─〈안연〉

여기서 공자는 정치에서 중요한 세 가지를 이야기한다. '경
제', '안보', '믿음'이다. 그런데 공자는 백성들의 먹고사는 문제인
경제나 나라의 안전과 관련이 있는 안보보다 믿음이 가장 중요하
다고 말한다. 백성이 통치자의 말을 믿지 않으면 나라의 경제와
안보도 바로 설 수 없다는 것이 공자의 생각이다.

임금은 임금답게, 자식은 자식답게

그럼 백성들이 통치자를 믿는다는 것은 어떤 것일까?《논어》의 이야기를 다시 한 번 보자.

제나라 경공(景公)이 공자에게 정치에 대해 묻자 공자가 대답했다. "임금은 임금답고 신하는 신하답고 아버지는 아버지답고 자식은 자식다운 것입니다." 경공이 말했다. "좋은 말씀입니다. 진실로 임금이 임금답지 못하고, 신하가 신하답지 못하고, 아버지가 아버지답지 못하고, 자식이 자식답지 못하다면, 비록 곡식이 있어도 임금인 나라고 어디 제대로 먹을 수 있겠습니까?" ―〈안연〉

여기서 공자는 자신이 생각하는 이상적인 정치는 '임금은 임금답고 신하는 신하답고 아버지는 아버지답고 자식은 자식다운 것'이라고 말한다. 무슨 말일까? 임금다운 임금은 어떤 임금일까? 신하다운 신하는 어떤 신하일까? 아버지다운 아버지는 어떤 아버지일까? 자식다운 자식은 어떤 자식일까? 쉽게 대답하기 어려운 물음이다. 아마도 공자는 임금다운 임금은 어버이가 자식을 돌보는 마음으로 백성을 다스리고, 신하다운 신하는 효를 다하는 자식의 마음으로 임금에게 충성을 다한다고 대답할 것이다. 앞서 늙은 부모님 때문에 전쟁터에서 도망친 병사가 용서받고, 양을 훔친 아버지를 숨겨 준 아들이 공자에게 칭찬받은 것도 자식다운 자식이라면 먼저 부모님을 위하는 마음을 가져야 하기 때문인 것이다.

이처럼 공자가 생각하는 사회의 질서는 법이나 제도로 확립되는 것이 아니라 통치자든 백성이든 각자 자신의 역할에 맞는 의무를 진심으로 할 때 가능하다. 마찬가지로 사회가 혼란스럽게 되는 것은 사람들이 법을 지키지 않아서가 아니라 통치자답지 못한 이가 통치자라고 불리고 자식의 도리를 못하는 이가 효자라고 불리기 때문이다.

1
법치주의 法治主義

군자를 기다리는 것만으로는
해결할 수 없는 정치

이번엔 '올바른 통치'에 대해 지금까지 살펴본 공자의 덕치주의와는 아주 다른 생각을 가진 사상가 한비자(韓非子)에 대해 살펴보려고 한다. 한비자에 따르면 통치자는 백성을 '덕'이 아니라 '법'으로 다스려야 한다고 말한다. 즉 그는 덕치주의가 아니라 '법치주의'를 주장했다. 그렇다면 왜 한비자는 공자와 다른 생각을 한 것일까?

한번 생각해 보자. 공자는 백성을 자식처럼 아끼는 통치자가 다스리는 사회를 바람직한 사회라고 생각했는데, 그러한 덕이 있는 통치자를 가진다는 것이 쉬운 일은 아닐 것이다. 사실 역사를 들여다보면 훌륭한 통치자는 아주 드물게 존재했고, 그래서 사람들은 훌륭한 통치자의 등장을 더욱 기다리며 기대하는 것이다. 하지만 인제 나다날지도 모르는 '군자'를 기다리고 있기에는 정치는 매일의 현실에서 일어나는 일을 조정해야 하는 급박한 일이다. 그래서 한비자는 공자처럼 덕에 의존해서 하는 정치는 너무 무책임하고 위험하다고 보았다. 다시 말하자면, 우리 현실에서는 좋지도 나쁘지도 않은 평범한 통치자가 나라를 다스리는 경우가 대부분이기 때문에, 나라의 통치를 군자라는 한 사람의 덕치에 의존하기보다는 법과 제도, 즉 시스템에 따라 하는 것이 바람직하다는 것이 한비자의 생각이다.

이기심은
생존을 위한 필수 덕목

앞서 공자의 덕치가 인간의 본성은 태어날 때부터 선하다는 성선설을 바탕으로 하고 있다는 사실을 살펴보았다. 마찬가지로 한비자의 법치도 역시 한비자가 생각하는 인간의 본성에 근거하고 있다. 한비자는 공자와 반대로 인간을 철저하게 이기적인 존재라고 생각했다. 인간의 본성은 태어날 때부터 선하다는 성선설에 대응해서 인간의 본성은 태어날 때부터 악하다는 것을 흔히 성악설이라고 부른다. 이 성악설을 주장한 사람은 순자(荀子)인데, 순자의 제자였던 한비자는 스승의 생각을 이어받아 인간은 철저하게 이기적인 존재라고 생각하고 그러한 바탕 위에서 자신의 법치주의 사상을 펼친다. 한비자는 이렇게 주장한다.

> 원래 백성들의 본성은 힘든 일을 싫어하고 편안한 것을 좋아한다. 편안해지면 제멋대로 행동하게 되고, 제멋대로 행동하게 되

면 다스려지지 않고, 다스려지지 않으면 질서가 없어진다.
—〈심도(心度)〉

그런데 왜 인간은 이런 이기적인 본성을 가지게 되었을까? 한비자에 따르면, 인간의 신체적 조건과 인간이 처한 환경이 살아가기에 쉽지 않기 때문이다. 그래서 살아남기 위해서는 이기적으로 살아갈 수밖에 없다는 것이다.

사람에게는 털이나 깃이 없기 때문에 옷을 입지 않으면 추위를 견디지 못한다. 위로 하늘에 매달려 있지 못하고 아래로 땅에 붙어 있지 못하기 때문에 먹지 않으면 살아갈 수가 없다. 이런 이유로 이득을 바라는 마음에서 벗어나지 못하며, 이득을 바라는 마음을 없애지 못한다. —〈해로(解老)〉

수레를 만드는 사람은 수레를 만들면서 다른 사람들이 출세하기를 바라며, 관을 만드는 사람은 관을 만들면서 다른 사람들이 빨리 죽기를 바랄 것이다. 이것은 수레를 만드는 사람은 어질고 관을 만드는 사람은 악하기 때문이 아니라 사람이 출세하지 않으면 수레가 팔리지 않고 사람이 죽지 않으면 관이 팔리지 않기 때문이다. 관을 만드는 사람은 사람을 미워해서가 아니라 사람이 죽어야 이득을 볼 수 있기 때문이다. —〈비내(備內)〉

이처럼 인간은 오직 인간이라는 이유 때문에 이기적으로 행동하는 것을 피할 수 없다. 따라서 한비자는 공자처럼 사람들의 이기적인 마음을 억지로 착하고 덕스럽게 고치려 하지 말고 이기적인 마음을 가진 상태에서 최선의 결과를 만들어 낼 수 있는 방법을 선택하는 것이 현실적이라고 생각한다. 한비자는 "저절로 곧은 화살대나 저절로 둥근 나무란 백 년에 하나도 없다."고 말한다. 즉 인간은 원래 이기적이고 악하기 때문에 가만히 내버려 두면 점점 더 이기적으로 될 뿐이므로, 법과 제도를 통해 울퉁불퉁한 나무를 깎듯이 백성들을 곧게 혹은 둥글게 만들어야 한다.

이처럼 도덕적이고 이상적인 공자의 정치와 비교했을 때 한비자의 정치는 철저하게 현실적이라는 것을 알 수 있다. 한비자는 공자처럼 도덕과 예절에 의존하는 정치가 아니라 법과 제도를 통해 이기적인 인간 본성이 사회질서를 파괴하는 것을 막고 억지로라도 바른 행동을 하지 않을 수 없게 만들고자 했다. 즉 이기적인 본성을 가진 사람들이 선한 행동을 하기를 기대하지 않고, 법과 형벌이라는 제도를 통해 사람들이 나쁜 일을 하지 못하도록 한 것이다.

그런데 인간의 본성이 이기적이라는 사실이 나쁜 것일까? 꼭 그런 것만은 아닌 것 같다. 한비자는 오히려 한 사회의 법과 질서가 유지되는 이유는 인간이 이기적이기 때문이라고 생각했으니까. 아니, 인간이 이기적이라 질서가 유지된다니, 대체 무슨 이야기일까? 간단한 예를 하나 들어 보자. 중간고사에서 커닝을 하다 선생님한테 들키면 학교에서 퇴학을 당한다고 가정해 보자. 이런 경우, 처벌이 두려운 학생들은 커닝을 해서 중간고사의 성적을 조금 올리기보다는 차라리 정직하게 낮은 점수를 받는 편이 낫다고 생각하게 된다. 이것이 바로 작은 이득 때문에 큰 손해를 보지 않으려고 하는 인간의 이기적인 본성 때문에 생기는 현상이다. 마찬가지로 사람들이 사회의 법과 질서를 지키는 이유는 그것을 어겼을 경우 받게 되는 피해가 크기 때문이다. 즉 사회의 법과 질서에 대한 존중 그 자체보다는 그것을 지키는 것이 나에게 더 이득이 된다는 사실 때문에 사람들은 법과 질서를 지키게 된다. 그러니까 사회의 법과 질서가 유지되는 이유 중의 하나는 다름 아닌 인간의 이기심 때문이라고 할 수 있다.

인자함이
나라를 망치는 이유

이제 한비자가 왜 공자의 덕치주의를 비판했는지 조금은 알 수 있을 것이다. 공자처럼 부모님을 돌보기 위해서 전쟁터에서 도망치고, 양을 훔친 아버지를 숨겨 주면 그것은 나라의 질서를 어지럽히는 일이다. 잘못된 일을 하고도 처벌을 받지 않는다면 모두가 지켜야 하는 한 나라의 질서가 결국 붕괴되고 말 것이다. 전쟁터에 나간 병사들이 부모님을 걱정하여 모두 전쟁터에서 도망치고, 이웃의 물건을 훔친 아버지를 모든 아들이 숨겨 준다면 그 나라는 도덕과 예절이 꽃피기는커녕 곧 망하고 말 것이다. 그래서 한비자는 전쟁터에서 도망친 효자에 대해서 '아버지의 효자는 임금의 배신자'라고 했으며, 양을 훔친 자기 아버지를 고발한 아들에 대해서는 '임금의 충성스러운 신하는 아버지의 포악한 자식'이라고 했다.

　한비자가 생각하기에 공자의 덕치주의를 따른다면 결국 개인이나 가족의 이익을 우선하는 사회가 될 것이고, 그렇게 되면 법을 어긴 사람들이 처벌을 면하게 되는 경우도 허다해지고, "심한 경우에는 나라를 망치고 임금도 죽으며, 그 정도는 아니더라도 영토가 줄어들고 임금의 권위가 낮아진다."(〈간겁시신(姦劫弑臣)〉) 결국 한비자는 덕을 베풀어 백성을 감화해야 한다는 공자의 생각은 잘못된 것이라고 주장했다. 그리고 다음과 같이 말한다. "인자한 사람이 윗자리에 있으면 아랫사람이 방자하여 법을 쉽게 어기고 제멋대로 요행을 바라게 된다."(〈팔설(八說)〉)

《한비자》에는 다음과 같은 이야기도 나온다.

위(魏)나라 혜왕이 복피(卜皮)에게 물었다. "그대는 나에 대한 평판을 들었을 텐데 사람들이 무어라 하던가?" 복피가 대답하기를 "제가 듣기론 왕께서 인자하고 은혜롭다고 합니다." 왕이 매우 기뻐하며 말하기를 "그렇다면 앞으로 성과가 어느 정도에 이르겠는가?" 복피가 대답했다. "왕의 성과는 망하는 데에 이를 것입니다." 왕이 묻기를 "인자하고 은혜로운 것은 좋은 것인데, 왜 나라가 망하는가?" 복피가 대답하기를 "인자한다는 것은 모질지 못하다는 것이며, 은혜로운 것은 베풀기를 좋아하는 마음입니다. 그러나 모질지 못하면 잘못을 저질러도 처벌하지 않게 되고, 베풀기를 좋아하면 잘한 것이 없어도 상을 주게 됩니다. 잘못을 했는데도 벌을 받지 않고 잘한 것이 없는데도 상을 받는다면 나라가 망하는 것이 당연한 일이 아니겠습니까?"라고 하였다. ─〈내저설(內儲說)〉

이처럼 한비자는 오로지 법과 제도를 잘 정비하는 길만이 나라를 잘 다스릴 수 있는 지름길이라고 생각했다. 그래서 "항상 강

한 나라도 항상 약한 나라도 없다. 법을 받드는 것이 강하면 강한
나라가 되고 법을 받드는 것이 약하면 약한 나라가 된다."(〈유도(有
度)〉)라고 말하기도 했다.

2
법치와
약속

법을 지키게 하는 힘은
원칙과 약속

그런데 백성들이 법을 잘 지키게 하려면 어떻게 해야 할까? 요즘
학교에서 학생들이 잘한 일에는 상점을 주고 잘못한 일에는 벌점
을 주는 것처럼, 백성들이 법과 질서를 잘 지키도록 하기 위해서
는 법과 질서를 잘 지킨 사람에게는 상을, 어긴 사람에게는 벌을
주어야 할 것이다. 그런데 학교에서 아무런 원칙도 없이 무분별하
게 상점과 벌점을 준다면 학생들의 불만이 이만저만이 아니지 않
겠는가? 법도 마찬가지이다. 법을 잘 지켰는데도 아무 보상이 없
고 지키지 않았는데도 처벌받지 않는다면 사람들은 아무도 그 법
을 신뢰하지 않게 될 것이다. 이런 의미에서 한비자는 약속을 중
요시했다. 《한비자》에 나오는 다음의 유명한 이야기는 여러분도
많이 들어 봤을 것이다.

증자(曾子)의 아내가 시장에 가는데, 아들이 자꾸 울면서 따라왔다. 그래서 증자의 아내가 아이에게 "얘야, 집에 가 있으면 시장에서 돌아와서 너에게 돼지를 삶아 주마."라고 말했다. 얼마 후 집에 돌아와 보니 증자가 돼지를 잡고 있었다. 증자의 아내가 말리며 말했다. "아이를 달래려 그냥 한 말인데 정말로 돼지를 잡으려 합니까?" 증자가 대답했다. "아무리 어린아이라 해도 실없는 말을 해서는 안 됩니다. 아이들은 아직 잘 모르기 때문에 부모에게 배우는 것입니다. 그런데 만일 어린아이를 속인다면 이것은 아이에게 거짓말을 가르치는 것이 됩니다. 어머니가 자식을 속이면 자식은 어머니를 믿지 않게 되니 앞으로 어찌 교육을 시키겠습니까?" 그러고는 그대로 돼지를 삶았다. ─〈외저설(外儲說)〉

어린아이에게 한 작은 약속이라도 반드시 지켜야 아이가 부모를 믿을 수 있는 것처럼, 나라의 통치자는 약속을 한 상이나 벌을 반드시 지켜야만 한다. 그러지 않으면 아무도 나라의 법과 질서를 지키려고 하지 않을 것이기 때문이다. 한비자는 이렇게 말한다. "작은 신의가 성취되면 큰 신의가 확립된다. 그러므로 현명한 군주는 신의를 지킨다. 상벌을 행함에 신의가 없으면 금지나 명령이 실천되지 않을 것이다."(〈외저설〉)

지금까지 살펴본 것처럼, 한비자는 법과 제도로 다스리는 정치, 즉 '법치주의'가 사회의 안정을 가져온다고 생각한다. 덕이 있는 지도자는 우연히 있다가 사라질 수 있지만 법은 일단 만들어져서 지켜지면 안정적으로 유지되기 때문이다. 그래서 한비자는 법

을 우리가 쓰는 '도량형'과 같은 것이라고 말한다. 1m라는 길이는 내가 한국에서 재든 미국에 있는 찰스가 재든 동일하게 1m이고, 오늘 잴 때나 내일 잴 때나 100년 후에 잴 때도 역시 변함없이 1m이다. 이처럼 길이나 무게 등을 측정하는 데 있어서 도량형이 일정한 기준이 되는 것처럼 법과 질서도 한 나라의 질서를 세우는 변하지 않는 기준이 될 수 있다. 그래서 한비자는 이렇게 말한다.

> 지혜와 재능은 도를 다하더라도 남한테 전할 수 없다. 도와 법에 의존하면 모두 안전하며 지혜와 재능에 의존하면 실패가 많다. 무릇 저울대를 매달아 평형을 알고 규구(規矩, 목수가 쓰는 그림쇠, 자, 수준기, 먹줄을 통틀어 이르는 말)를 써서 원을 아는 것이 안전한 방법이다.
> ―〈식사(飾邪)〉

1
통치의
기술

통치자에게 필요한 덕목은
이해관계 조정 능력

이번에는 서양의 대표적인 '통치에 관한 지침
서'인 마키아벨리의《군주론》을 살펴보자. 마키아벨리는 이 책을
이탈리아 메디치 가문의 군주였던 로렌초 데 메디치에게 바치면
서,《군주론》을 쓴 이유를 "군주의 통치를 논하고 그것에 관한 지
침을 제시하는 것"이라고 말한 바 있다. 즉 마키아벨리가 생각하
는 이상적인 통치자의 모델을 이 책에서 제시하고 있는데, 흥미로
운 것은 한비자가 죽은 뒤 약 1700년이 지난 후에 쓰인《군주론》
이 한비자의 법치와 매우 비슷하다는 사실이다.

일단 마키아벨리 역시 한비자와 마찬가지로 인간은 선하다
기보다는 악하고 이기적이라는 전제에서 출발한다.

인간이란 감사할 줄 모르고 변덕스러우며 위선적이고 비겁하며 탐욕스럽습니다. 당신이 은혜를 베푸는 동안 사람들은 모두 당신에게 온갖 충성을 바칩니다. 그들은 당신을 위해서 피, 재산, 생명 그리고 자식마저도 바칠 것입니다. [정작 당신이 그들을 필요로 할 때] 그들은 당신을 배신합니다. — 17장

인간이란 왜 이토록 이기적인 것일까? 앞 장에서 한비자가 인간이 처한 현실 때문에 인간의 본성은 이기적일 수밖에 없다고 이야기한 것처럼 마키아벨리 역시 당시의 시대적 상황을 들어 인간이 이기적일 수밖에 없다고 설명한다.

이탈리아인들은 이스라엘인보다 더 예속되어 있고, 페르시아인들보다 더 억압받고 있으며, 아테네인들보다 더 흩어져 있습니다. 또 지도자와 질서도 없으며, 짓밟히고, 약탈당하고, 갈기갈기 찢기고, 유린당했습니다. 모든 종류의 황폐함을 견딘 것입니다. — 26장

마키아벨리가 살았던 당시 15~16세기는 이탈리아가 아직 통일이 되기 전 도시국가의 형태였으며, 분열과 전쟁이 끊이지 않는 시대였다. 그래서 사람들은 자신들의 생존을 위해서 이기적이 될 수밖에 없었고, 이렇게 자기 이익에만 매달리는 사람들의 이해관계를 잘 조정하는 것이 훌륭한 통치자의 역할이었다. 마키아벨리는 정치란 결국 서로 원하는 게 다른 이기적인 사람들을 조정하는 기술인 동시에 통치자 역시 자신의 이득을 얻어내야만 하는 기술이라고 생각했다. 그래서 마키아벨리는 한비자가 생각한 것과

마찬가지로 통치자에게 중요한 것은 공자가 생각한 '덕'이나 '선'이 아니라고 주장한다.

통치자에게 약속은 때에 따라 지키지 않아도 되는 것

마땅히 해야 할 것을 하는 군주는 자신의 권력을 유지하기보다는 잃기가 쉽습니다. 어떤 상황에서도 선하게 행동하기를 바라는 사람이 악한 사람들에게 둘러싸여 있으면 그는 곧 몰락할 것입니다. 따라서 권력을 지키고자 하는 군주는 필요에 따라서 나쁜 일을 하는 법을 반드시 배워야 합니다. ― 15장

그런데 마키아벨리는 한비자와는 달리 통치자가 좋은 결과를 가져올 수 있다면 좀 나쁜 수단을 사용해도 괜찮다고 말하고 있다. 여기에서 통치자에게 좋은 결과란 권력을 계속 유지하는 것이다. 마키아벨리는 착한 사람이 나쁜 사람에게 둘러싸여 있으면 결국 마음씨 좋은 사람이 손해를 볼 수밖에 없는 것과 마찬가지로, 통치자가 아무리 선하다고 한들 이기적인 사람들에게 둘러싸여 있다면 통치자는 좋은 일을 해 보지도 못하고 권력을 잃을 수밖에 없다고 생각했다. 따라서 마키아벨리는 통치자 자신을 위해서 때로는 이기적인 수단을 써야 통치자의 자리에서 살아남을 수 있기 때문에, 군주가 때로는 약속을 지키지 않아도 된다는 결론에 도달한다.

현명한 군주는 약속을 지키는 것이 그에게 불리할 수도 있을 때, 그리고 약속을 하게 했던 그 이유가 소멸되었을 때는 약속을 지킬 수 없으며 또 지켜서도 안 됩니다. 만약 모든 인간이 완전히 선한다면 이러한 조언은 마음에 담아 둘 필요가 없겠지만, 인간이란 악하고 또 군주와 맺은 약속도 지키지 않을 것이기 때문에 군주 역시 그들과 맺은 약속을 지킬 필요가 없습니다. ─ 18장

이런 면에서 마키아벨리와 한비자의 생각에는 차이가 있다. 앞서 살펴본 것처럼, 한비자는 인간의 본성이 이기적이라는 것에서 출발했지만 약속을 아주 중요하게 생각했다. 약속한 것을 지키지 않으면 통치자와 백성은 서로 신뢰할 수 없게 되고, 결국 법과 질서도 지켜지지 않게 되므로 나라가 위태로워지기 때문이다. 하지만 마키아벨리는 통치자는 권력을 유지하기 위해서 때로는 약속을 어기는 것과 같은 나쁜 수단을 사용해도 된다고 주장한다. 마키아벨리에게 이상적인 군주는 착하고 어진 군주가 아니라 때로는 냉혹하고 필요하다면 군주 스스로 약속을 어기기도 해야 한다. 그래서 마키아벨리는 《군주론》에서 '군주는 여우의 지혜와 사자의 힘을 동시에 갖춰야 한다'고 말한다.

군주는 동물들을 잘 모방해야 하는데, 저는 그중에서도 특히 여우와 사자를 선택해야 한다고 생각합니다. 왜냐하면 사자는 덫에 걸리기 쉽고 여우는 늑대를 이길 수가 없기 때문입니다. 따라서 덫을 찾아내기 위해서는 여우가 되어야 하고, 늑대에게 겁을 주려

여우, 늑대, 사자와 같은 동물들에 빗대어 설명하는 재미있는 비유인데 과연 무슨 내용일까? 여우는 꾀가 많은 동물이고 사자는 힘이 센 동물이다. 그럼 여우와 사자가 늑대를 만나면 어떻게 될까? 여우는 꾀가 있을지는 모르지만 늑대보다 힘이 없으니 도망칠 것이고, 사자는 늑대보다 힘이 세니 도망갈 필요가 없을 것이다. 오히려 늑대가 먼저 도망갈 것이다. 그런데 사자의 경우, 힘은 있지만 꾀가 부족해서 사냥꾼이 쳐 놓은 덫을 피할 수가 없다. 반대로 꾀가 많은 여우는 덫을 피할 수 있다. 이제 이 비유가 이해가 되는가? 군주는 우선적으로 사자처럼 강력한 힘을 가지고 있어야 하지만, 동시에 여우처럼 때때로 백성과 신하를 속이는 꾀도 부릴 수 있어야 한다는 이야기이다. 물론 마키아벨리는 사람들이 눈치채지 못하게 속임수를 교묘히 사용해야 한다는 말도 덧붙인다.

정치의 자율성

이처럼 지도자가 교활해도 된다고 말하는 마키아벨리의 주장이 여러분에게는 어떻게 들리는가? 공자와 한비자에 비해서 비도덕적이라고 느껴지지는 않는가? 공자는 덕으로 나라를 다스려야 한다는 덕치주의를 주장했고, 한비자 역시 지도자는 약속을 잘 지켜야 한다는 것을 강조했다. 하지만 마키아벨리는 군주는 권력을 유지하기 위해서 때때로 비도덕적인 행위도 할 수 있어야 한다고 주장하고 있으니 말이다.

그런데 이러한 마키아벨리의 생각을 꼭 부정적으로만 볼 필요는 없을 듯하다. 왜냐하면 마키아벨리는 정치에서 중요한 것은 개인의 도덕적 심성이나 종교가 아니라고 생각했기 때문이다. 마키아벨리는 개인의 도덕은 정치의 영역에서는 적용되지 않는다고 생각하면서 윤리나 종교를 정치에서 분리시켰다. 그러니까 공자와 한비자와 달리 마키아벨리는 정치의 자율성을 강조한 셈이다. 그래서 마키아벨리는 다음과 같이 말한다.

저는 이제 군주가 어떤 식으로 행동해야 하는가를 살펴보려고 합니다. 저는 이러한 문제를 다룰 때는 머릿속으로 상상한 것이 아니라 현실의 실제적인 진실을 따라가는 것이 더 적절하다고 생각합니다. 왜냐하면 많은 사람이 실제로 존재한 것으로 알려지거나 목격된 적이 없는 공화국이나 군주국을 상상해 왔기 때문입니다. '인간이 어떻게 살고 있는가'라는 문제는 '인간이 어떻게 살아야 하는가'라는 문제와는 너무나 다르기 때문입니다. ― 15장

여기서 '인간이 어떻게 살아야 하는가'는 도덕이나 종교에서 묻는 물음이다. 덕치를 강조한 공자는 '올바른 통치'를 이런 도덕 관점으로 접근했다고 할 수 있다. 반면 현실을 다루는 정치에서 묻는 물음은 '인간이 어떻게 살고 있는가'이다. 법치를 강조한 한비자는 '올바른 통치'를 마키아벨리와 같은 관점에서 접근했지만 여전히 군주의 도덕성을 강조하였다. 하지만 마키아벨리는 '올바른 통치'를 위하여 군주에게 중요한 것은 '인간이 어떻게 살아야 하는가'에 대한 도덕적이고 종교적인 관점이 아니라 '인간이 어떻

게 살고 있는가'를 잘 관찰하는 것이고, 필요할 경우 비도덕적인 행동을 해도 괜찮다고 생각한다. 왜냐하면 정치의 영역은 도덕의 영역과 다르기 때문에 도덕적인 관점으로 군주의 정치를 평가할 수는 없기 때문이다. 중요한 것은 군주의 정치적 역량이다.

통치자는 보이는 모습을 중요시해야

하지만 통치자가 약속도 지키지 않고 여우처럼 교활한 계획을 써도 된다고 해서 그런 모습을 사람들에게 보여도 되는 것은 아니다. 왜냐하면 사람들은 통치자의 마음속을 보는 것이 아니라 겉모습을 보고 판단하기 때문이다. 그래서 마키아벨리는 이렇게 이야기한다.

군주가 선한 성품을 실제로 갖출 필요는 없지만, 갖춘 것처럼 보여야 하는 것은 필수적입니다. 심지어 감히 저는 군주가 그러한 성품을 갖추고 지키는 것은 오히려 해롭고, 갖춘 것처럼 보이는 것은 유용하다고까지 말할 수 있습니다. 사람들은 일반적으로 손으로 만져 보고 판단하기보다는 눈으로 보고 판단합니다. 왜냐하면 모든 사람은 군주를 볼 수는 있지만, 직접 만져 볼 수 있는 사람은 매우 소수이기 때문입니다. 군주가 겉으로 보이는 모습은 모든 사람이 볼 수 있지만 실제로 어떤 사람인지를 알고 있는 사람은 아주 소수일 뿐입니다. 보통 사람들은 겉으로 보이는 모습과 그 결과에 감명을 받습니다. 그리고 이 세상 사람은 다 보통 사람들입니

다. — 18장

앞서 한비자는 법과 제도를 유지하기 위해서는 통치자가 실제로 백성들과의 약속을 잘 지켜야 한다고 말했다. 하지만 마키아벨리는 통치자가 실제로 약속을 잘 지킬 필요는 없지만 적어도 약속을 잘 지키는 것처럼 보여야 한다고 말한다. 왜냐하면 만약 백성들이 통치자가 약속을 잘 지키지 않는다고 생각한다면 나라의 법과 제도가 잘 지켜지지 않을 것이라고 마키아벨리도 생각하기 때문이다.

2
통치자가 사라져도
법은 남는다

우리는 마키아벨리가 한비자와 마찬가지로 사람들의 본성을 이기적이라고 생각한다는 사실을 살펴보았다. 그런데 앞 장에서 언급했듯이 사람들이 이기적이라는 사실이 나쁜 것만은 아니다. 마키아벨리는 통치자가 자신의 이익을 최대한 얻기 위해서 백성들을 자식처럼 아끼는 자비심과 같은 도덕적인 감정에 휘둘려서는 안 되고, 냉정하게 현실적인 상황을 분석해야만 한다고 말한다. 그런데 통치자가 이러한 자신의 이익을 이끌어 내기 위해서는 그 상황이 예측 가능해야만 한다. 만약 정치적 현실에 대한 상황 분석이 그때그때마다 다르다면 결과를 예측하기 힘들기 때문이다.

그렇다면 정치적 상황에 대한 분석이 예측 가능하려면 어떻게 해야 할까? 한비자가 생각했던 것과 마찬가지로 통치자의 덕스러운 품성보다는 일관적이고 안정적인 질서가 필요하다. 결국 사람들의 이기적인 본성이 한 나라의 안정적인 법과 제도라는 것을 만들어 내는 셈이다. 또 법과 제도가 안정적으로 운영될 수 있는 것도 그것을 통해서 자신의 이익을 극대화하려는 사람들의 이기심 때문이라고 할 수 있다.

그래서 마키아벨리에게도 역시 법과 제도를 통해서 이루어지는 통치가 올바른 통치이며, 법과 제도를 잘 확립하는 통치자가 훌륭한 통치자이다. 마키아벨리는 《군주론》에서 이렇게 이야기한다.

우리나라의 옛 제도가 좋지 않고 또 어느 누구도 새로운 제도를 찾아내지 못했습니다. 새로운 군주에게 새로운 법과 제도를 확립하는 것보다 더 명예로운 일은 없습니다. 그러한 법과 제도들이 잘 세워지게 되고 위엄을 가지게 되면 군주는 존경받고 칭송을 받습니다. ─26장

마키아벨리는 《로마사 논고》라는 책에서도 다음과 같이 말한다. "공화국이나 왕국을 구원하는 것은 살아 있는 동안 잘 다스리는 군주를 갖는 것이 아니라 죽은 후에도 잘 유지되도록 제도를 정비하는 군주를 갖는 것이다." 아무리 훌륭한 군주라도 언젠가는 죽을 것이다. 따라서 한 사람의 덕성에 의존하는 정치는 그 사람이 사라지면 사라질 수밖에 없다. 때문에 통치자가 사라져도 계

속해서 나라를 안정적으로 유지할 수 있는 법과 제도가 필요하다. 그래서 마키아벨리는 군주의 통치에 관한 지침서에서 법과 제도를 계속해서 강조하는 것이다.

정리해 봅시다

이 장에서는 '올바른 통치'라는 렌즈를 통해서 공자, 한비자, 마키아벨리의 '통치론'을 살펴보았습니다.

공자는 법과 제도가 아닌 덕이 있는 지도자가 도덕과 예절로 백성을 다스리는 '덕치주의'를 주장했지요. 왜냐하면 백성들이 진정으로 지도자를 따르게 만드는 것은 엄격한 법이나 제도가 아니라 지도자에 대한 진정한 존경심이라고 생각했기 때문입니다. 따라서 공자에게 '훌륭한 지도자'는 먼저 모범을 보이는 도덕적인 인물이어야 했습니다.

반면 한비자는 도덕과 예절이 아니라 법과 제도를 통해서 백성을 다스리는 '법치주의'를 주장했습니다. 왜냐하면 사람들의 심성은 이기적이기 때문에 이 이기적인 마음을 엄격한 법으로 통제해야 한다고 생각했기 때문입니다. 또한 공자의 덕치주의가 실현되는 사회는 정(情)에 이끌리는 사회가 되고 말 것이고 그렇게 되면 공정한 사회 질서가 확립될 수 없다고 생각했습니다.

마키아벨리 역시 한비자와 비슷한 생각을 가졌습니다. 사람들은 이기적이기 때문에 훌륭한 지도자란 변화하는 정치적 상황에 맞게 현실적 판단을 하는 사람이라고 주장합니다. 그래서 마키아벨리는 훌륭한 지도자가 '사자의 힘과 여우의 교활함'을 모두 갖추어야 한다고 말합니다. 때문에 지도자가 약속을 잘 지키는 것의 중요성을 강조한 한비자와 달리 마키아벨리는 정치와 종교 또는 윤리를 분리시킵니다.

	공자	한비자	마키아벨리
인간 본성에 대한 이해	• 선량함(성선설)	• 이기적(성악설)	• 이기적
통치의 방법	• 덕치주의	• 법치주의	• 법치주의
좋은 지도자의 덕목	• 덕과 모범	• 약속의 이행	• 개인의 도덕성과 좋은 통치는 무관 (도덕과 정치의 분리)

6장
경제는 누가 움직이는 것일까?

• 아담 스미스 《국부론》 • 마르크스 《자본론》 • 하이에크 《노예의 길》

아담
스미스
Adam Smith
1723~1790

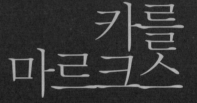

카를
마르크스
Karl Heinrich Marx
1818~1883

프리드리히
하이에크
Friedrich August vom Hayek
1899~1992

● 영국의 정치경제학자이자 도덕철학자.

글래스고대학과 옥스퍼드대학에서 공부한 뒤 글래스고대학에서
논리학과 도덕철학 담당교수가 되었다. 1759년 출간한 《도덕감정론》이 크게 성공하자
그에게 배우기 위해 글래스고대학으로 오는 학생들이 늘어날 정도로 명성을 얻게 되었다.
아담 스미스는 10년에 걸쳐서 쓴 《국부론》을 1776년에 출간하는데,
당시 6개월 만에 초판이 다 팔릴 정도로 큰 성공을 거두었다.
이 책은 국가가 개인들의 경제활동에 개입하는 것을 비판하고 자유방임할 것을 주장하여
현대경제학의 사상적 토대를 제공한 경제학의 고전이다.

● 독일의 경제학자이자 정치철학자.

급진적 반정부신문인 〈라인 신문〉의 편집장으로 일한 뒤 신문이 폐간되자 파리로 거처를 옮겼다.
파리에서 만난 엥겔스와는 평생의 동지가 된다.
1847년 런던에서 공산주의자동맹이 결성되자 엥겔스와 함께 가입하여
동맹의 강령인 《공산당선언》을 함께 집필하였다. 마르크스는 사회주의 사회를 건설하기 위한
과학적 사회주의 이론을 체계화했으며 사회운동에도 적극적으로 참여한 혁명가였다.
마르크스의 대표작인 《자본론》은 자본주의의 운동방식과 그 문제점을 규명한 책으로
경제학뿐만 아니라 노동운동이나 사회변혁운동에도 큰 영향력을 끼친 고전이다.

● 오스트리아 태생의 영국 경제학자이자 정치철학자.

오스트리아에서 활동하다 영국으로 건너가 런던대학 교수가 되었다.
1974년 '화폐와 경제변동의 연구'로 노벨경제학상을 수상하였다.
정부가 경제에 적극적으로 개입해야 한다고 주장한 케인스주의에 맞서 정부의 간섭을 최소화하는
자유시장경제 체제를 옹호하여 '신자유주의'의 아버지로 불린다.
사회주의가 '자유'의 길이 아니라 '독재'와 '노예'의 길임을 밝히기 위해 1944년에 출간한
《노예의 길》은 6개월 만에 3만 부가 팔려 나갔고,
미국에서는 23만 부 이상이 팔렸을 전도로 큰 반향을 일으킨 현대의 고전이다.

지금까지 우리는 '사회계약론'이라는 렌즈를 통해서

국가 혹은 사회가 어떻게 만들어졌는지,

'이상 국가'라는 렌즈를 통해서

이상적인 국가는 어떤 모습일지 또 어떻게

이상적인 국가가 될 수 있는지를 살펴보았다.

또한 '훌륭한 통치자'라는 열쇳말을 통해서

좋은 정치란 무엇인지에 대해서도 살펴보았다.

이번 장에서는 그렇게 만들어지고 유지되는

국가 안에서 이루어지는 경제활동 및 경제제도,

그것들에 대해 설명하는 고전들을

살펴보려고 한다.

아담 스미스의 《국부론》, 마르크스의 《자본론》

하이에크의 《노예의 길》이 그것이다.

우리는 이 작품들을 하나하나 펼쳐 보면서

경제가 어떤 원리를 통해 움직이는지,

또 바람직한 경제제도는 무엇인지

비교해 볼 것이다.

이런 비교 검토 끝에

현재 우리가 귀 기울여야 할 경제 이론은

무엇인지에 대해 여러분 스스로 고민해 보길 바란다.

국부론

아담 스미스

1
이기심이
나쁘다고?

흔히 이기심은 나쁘다고 생각한다. 학교에서도 남을 먼저 생각하는 이타적이고 자비로운 마음이야말로 우리 사회에 꼭 필요한 미덕이라고 배운다. 우리는 4장의 '이상 국가 프로젝트'를 통해,《유토피아》에서 토마스 모어가 이기심을 부정적으로 보았다는 것을 알게 되었다. 토마스 모어는 남보다 돈을 더 벌려는 인간의 이기심으로부터 사회의 모든 악이 발생하기 때문에 이상 국가를 건설하기 위해서는 이러한 이기심과 욕심을 없애야만 한다고 주장했다. 그리고 이러한 이기심을 없애기 위해 사유재산을 폐지해야 한다고 주장했다. 하지만 정말 이기심이 나쁜 것일까? 토마스 모어보다 조금 늦게 태어난 아담 스미스는《국부론》에서 이기심이 나쁜 것이 아니라고 말한다.

우리가 저녁식사를 기대할 수 있는 것은 푸줏간, 술집, 빵집 주인의 자비심 덕분이 아니라, 그들의 이기심 덕분이다. ─1권 2장 우리가 이기심 때문에 식사를 할 수 있다니 무슨 말일까? 왜 우리가 빵집 주인의 이기심 때문에 식사를 할 수 있는 것일까? 우리 식으로 바꿔 표현하자면 식당 주인의 이기심 때문에 우리가 김치찌개를 먹을 수 있게 된다는 말인데, 도대체 어떤 이유일까? 답은 간단하다. 식당 주인은 마음씨가 아주 착해서 우리에게 김치찌개를 파는 것이 아니라 돈을 벌기 위해서 판다. 식당 주인이 김치찌개를 팔아서 돈을 벌려는 마음이 없었다면 우리는 김치찌개를 먹을 수 없을 것이다. 김치찌개뿐만 아니라 우리가 가게에서 사는 모든 것 역시 마찬가지다. 가게 주인이 돈을 벌려는 마음이 없다면 우리는 아무것도 살 수 없으므로 우리가 필요로 하는 모든 것을 직접 만들어야 할 것이다.

하지만 여기서 한 가지 짚고 넘어가자. 아담 스미스가《국부론》에서 말하는 '이기심'은 나의 이익을 위해서라면 다른 사람에게 피해를 줘도 괜찮다는 의미의 '이기적selfish'인 마음이 아니라, 다른 사람의 이익보다 자신의 이익에 관심을 가진다는 의미의 '자기이익self-interest' 중심적인 마음이다. 이 둘은 상당히 다른 뜻을 가지고 있는데, 예를 들어, 나 혼자 시험에서 좋은 성적을 얻기 위해서 다른 친구에게 시험 범위를 속이는 것이 '이기적'인 것이라면, 친구가 봉사활동을 가자고 했을 때 시험 준비를 위해 안 간다고 하는 것은 '자기이익'을 먼저 생각하는 마음이라고 할 수 있다.

2
보이지 않는
손 invisible hand

개인의 이기심이 만들어 낸
사회 전체의 이익

그런데 아담 스미스는 개인의 이런 이기심이 개인들에게뿐 아니라 사회 전체에도 이득을 만들어 낸다고 말한다.

> 사실 개인은 공공의 이익을 추진하려는 의도를 가지고 있지도 않고, 얼마만큼 공공의 이익을 추진하고 있는지 알지도 못한다. 그가 외국 산업보다 국내 산업을 선호하는 것은 오직 자신의 안전만을 의도한 것이다. 또한 그가 국내 산업의 생산물의 가치를 극대화하려는 것도 오직 그 자신만의 이득을 위한 것이다. 이 경우 그는 다른 많은 경우와 마찬가지로 '보이지 않는 손'에 이끌려 그가 전혀 의도하지 않았던 목적을 추진하게 되는 셈이다. 그가 의도하지 않았다고 해서 반드시 사회에 좋지 않은 것은 아니다. 그는 자신의 이익을 추구함으로써 의도적으로 사회의 이익을 증진시키려고 할 때보다 때로는 더 효과적으로 그것을 증진시키기도 한다. 나는 공공의 이익을 위해 일한다고 자랑하는 사람들이 실제로 이익을 가져온 경우를 보지 못했다. ─4권 2장

아담 스미스 하면 누구나 제일 먼저 떠올릴 만큼 유명한 '보

이지 않는 손'이라는 말이 바로 이 부분에 등장한다. 사실 《국부론》 전체에서 보이지 않는 손이 등장하는 부분은 이 대목이 유일하다. 어쩌면 아담 스미스는 크게 의미를 부여하지 않았을지도 모르는 이 말이 《국부론》을 대표하는 단어가 되었다는 것이 참 재미있다. 어쨌든 아담 스미스의 '보이지 않는 손'은 매우 중요한 개념인데, 과연 어떤 의미를 담고 있는지 살펴보도록 하자.

다시 김치찌개를 파는 식당 주인의 예로 돌아가 보자. 식당 주인이 다른 가게보다 더 맛있는 김치찌개를 만들려고 노력하는 것은 '한식의 발전'이라는 공공의 이익을 위해서가 아니라 '이윤의 추구'라는 개인의 이익을 위해서이다. 하지만 돈을 많이 벌기 위해서 맛있는 김치찌개를 만들려고 노력하다 보면 의도치 않게 '한식의 발전'에도 기여하게 될 것이다. 또 이 식당이 '맛집'으로 소문이 나면 식당 주변으로 사람이 몰려들게 되고, 그러다 보면 일대의 다른 상점들도 역시 자연스럽게 이득을 얻게 될 것이다. 즉 개인의 이기심이 결국 공공의 이익을 가져오게 되는 것이다. 또 다른 예로, 나는 그저 시험 성적을 잘 받으려고 열심히 공부했을 뿐인데 나로 인해 우리 반 교실 전체에 공부하는 분위기가 형성된다면, 다른 친구들도 열심히 공부하게 되고 결국에는 반평균 점수도 자연스럽게 올라가는 것도 비슷한 경우이다.

이렇게 개인의 이기심을 공공의 이익으로 이끌어 가는 힘을 아담 스미스는 '보이지 않는 손'의 역할이라고 설명하고 있다. 한 국가의 살림살이를 의미하는 국가 경제에도 이와 같은 방식으로 보이지 않는 손이 영향을 미친다. 아담 스미스는 삼성이나 현대와 같은 기업들이 회사의 이익을 위해서 열심히 노력할 뿐이지만

이러한 기업들이 창출하는 이익을 통해 우리나라가 부유해진다고 생각했다. 따라서 아담 스미스는 각자의 이익을 추구하는 개인들의 경제활동을 내버려 두면 자연스럽게 공공의 이익도 커질 것이므로, 국가는 개인의 경제활동에 최대한 간섭하지 말아야 한다고 주장했다.

개인의 자유는 최대로, 국가의 통제는 최소로

우리는 앞서 플라톤, 맹자, 토마스 모어의 이상 국가 프로젝트를 살펴보면서 이상적인 국가를 만들기 위해서 통치자가 적극적으로 국가에서 일어나는 일들을 계획하고 실행하고자 노력하는 모습을 보았다. 하지만 아담 스미스는 이와는 정반대의 주장을 하고 있다. 아담 스미스는 이상적인 국가가 되기 위해서는 국가나 통치자의 역할을 최소한으로 줄이고 개인의 자유를 최대한으로 보장해야 한다고 생각한다. 이러한 생각은 아담 스미스가 쓴 다른 책인 《도덕감정론》에서도 찾아볼 수 있다.

정부는 자신이 세운 계획의 아름다움에 현혹되어 계획이 조금이라도 달라지는 것을 참지 못한다. 정부는 자신의 계획과 관련된 수많은 반대의견에 대해서는 아무런 신경도 쓰지 않은 채 자신의 계획을 추진해 나간다. 정부는 사회의 구성원들을 움직이는 것을 장기판에서 말을 움직이는 것만큼이나 쉽게 생각한다. 하지만 장기판의 말은 사람의 손이 움직이는 대로 움직이지만, 인간 사회라는 거대한 장기판에서는 각자는 각자의 운동 원리에 따라 움직인다. 따라서 인간 사회가 정부의 의지대로 움직여 준다면 사회는 조화롭게 굴러 가겠지만 그렇지 않은 경우 사회는 최악의 무질서에 놓이게 될 것이다.

아담 스미스는 정부의 간섭은 필요가 없으며 바람직하지도 않다고 말한다. 정부가 이런저런 계획을 세워 사회를 이끌고 갈 수는 있겠지만 계획대로 실행해 나가는 것이 쉬운 일은 아니다. 오히려 사회를 개인에게 맡겨 두면 개인의 이기심은 결국 자신의 부족한 상황을 개선하려는 노력으로 이어진다.

우리 삶의 조건을 더 낫게 만들려는 욕구는 태어나서 죽을 때까지 우리가 가지고 있는 욕구이다. 인간이 일생 동안 어떤 종류의 개선도 원하지 않을 만큼 자신의 상황에 완전히 만족하는 경우는 거의 단 한 순간도 없다. — 2권 3장

개인이 자신의 이득을 극대화하려는 활동을 하는 데 있어서 만약 불편한 점이 있다면 정부가 굳이 시키지 않아도 그 불편을 개선하기 위해서 스스로 노력할 것이다. 그래서 아담 스미스는 정부는 개인을 '그냥 내버려 두라'고 말한다(원래 아담 스미스가 사용한 단어 '레세페르(laissez-faire)'는 프랑스어로 '그냥 내버려 두라'는 뜻이다).

시장에서 작동하는
보이지 않는 손

한편 아담 스미스가 직접적으로 '보이지 않는 손'이라는 표현을 쓰지는 않았지만 보이지 않는 손이 작용하는 경우가 또 있다. 지금까지 우리가 살펴본 보이지 않는 손이 개인과 국가 간의 관계에서 작동하고 있었다면, 이제부터 살펴볼 보이지 않는 손은 시장에서 물건을 파는 사람과 물건을 사는 사람과의 관계에서 활동한다. 물론 이때 '시장'은 우리 동네에 있는 '○○시장'을 지칭하는 것이 아니라 재래시장이나 마트를 포함해서 물건을 사고파는 모든 경제활동이 일어나는 곳을 의미한다.

먼저 예를 하나 들어 보자. 재석이는 이번 여름방학에 같은 반 친구인 홍철이와 같이 여행을 가기로 했다. 그래서 재석이는 여행경비를 마련하기 위해서 돈을 벌어야 했는데, 손재주가 남달라 집에 있는 철사와 헝겊 같은 재료를 이용해서 예쁜 머리핀을 만들어 팔기로 했다. 재석이는 완성된 머리핀이 아주 마음에 들었고 또 자신이 그 머리핀을 만든 것이 뿌듯하기도 해서 벼룩시장에서 개당 10만 원에 팔기로 했다.

과연 재석이의 머리핀을 산 사람이 있을까? 아무도 10만 원에 그 머리핀을 사지는 않을 것이다. 그럼 재석이는 어떻게 해야 그 머리핀을 팔 수 있을까? 우선 자신이 받고 싶은 가격이 아니라 남들이 사고 싶은 가격을 책정해야 한다. 보통 머리핀의 가격이 1000원이라면 재석이도 자신이 만든 머리핀을 그 가격에 판매해야 사는 사람이 생길 것이다. 물론 이때 머리핀의 가격은 국가가 정해 주는 것이 아니다. 물건의 값은 파는 사람과 사는 사람 사이에서 자연스럽게 결정된다.

이렇듯 시장에서 파는 사람과 사는 사람 사이에 가격이 적당한 선에서 자연스럽게 결정되는 것은 바로 '보이지 않는 손'이 작동하기 때문이다. 시장에서 보이지 않는 손의 작용으로 이기적인 인간들은 판매자가 원하는 것이 아니라 구매자가 원하는 것을, 판매자가 팔고 싶은 양이 아니라 구매자가 사고 싶은 양만큼, 판매자가 받고 싶은 가격이 아니라 구매자가 지불하고 싶은 가격에 상품을 팔게 된다.

3
노동의
분업

분업을 통해
효율성을 극대화하다

4장에서 우리는 플라톤이 《국가》에서 한 사람이 자신에게 필요한 모든 것을 만들 수 없기 때문에 국가가 처음으로 생겼다고 설명한 것을 보았다. 여러 사람이 모여 국가를 이루어서 서로가 필요한 것들을 만들어 내는 것이 모두에게 더 유익하다는 이유이다. 마찬가지로 아담 스미스는 《국부론》에서 '노동의 분업'이 인간의 삶에서 얼마나 중요한가를 이야기한다.

핀을 만드는 아주 소규모 제조업의 예를 들어 보자. 숙달되지 않은 노동자 한 명이 아무리 열심히 일하더라도 하루에 한 개의 핀도 만들기 어려울 것이고 하루에 20개의 핀을 만드는 것은 어림도 없을 것이다. 그러나 이 업종이 지금 운영되고 있는 방식은 그 작업을 여러 부분으로 분업화한 방식이다. 한 사람은 철사를 잡아 늘이고, 한 사람은 철사를 곧게 펴고, 한 사람은 철사를 끊고, 한 사람은 끝을 뾰족하게 하고, 한 사람은 철사의 끝을 간다. 핀 머리를 만드는 일에도 두세 가지의 다른 작업이 필요하다. 한 사람은 머리를 붙이고 한 사람은 핀을 휘게 하고 한 사람은 핀을 종이로 포장한다. 이처럼 핀을 만드는 작업은 18개의 세부 공정으로 나뉘는 것이다. 나는 핀을 만드는 작은 공장을 본 적이 있다. 겨우 열 사람이 일을 하고 있는 공장이었는데, 그들은 매우 가난해서 필요한 기계도 충분하지 않았다. 열 사람은 하루에 4만 8000개의 핀을 제조할 수 있었다. 한 사람당 4800개의 핀을 만든 셈이다. 만약 그들이 혼자서 핀을 만들었다면 하루에 20개도 만들지 못했을 것이다. —1권 1장

여기서 아담 스미스는 자신이 핀을 만드는 공장에서 직접 보니 혼자서는 하루에 핀을 20개도 못 만드는데 분업을 하니 한 사람당 4800개를 만들 수 있더라고 말한다. 분업을 하면 혼자 만드는 것보다 무려 240배나 더 많이 만들 수 있는 것이다. 왜 이렇게 차이가 나는 것일까? 한 사람이 같은 일만 계속하게 되면 그 일에 있어서만큼은 전문가가 되고, 그 일을 하는 데 드는 시간이 현저히 줄어들기 때문이다. 다시 말하자면 업무의 효율성이 높아지는 것이다. 그래서 아담 스미스는 이렇게 이야기한다.

타인과 어떤 종류의 거래를 하고자 하는 사람은 누구라도 이렇게 제안한다. '내가 원하는 것을 나에게 주시오. 그러면 당신이 원하는 것을 드리겠소.' 우리는 이런 방식으로 자기가 필요로 하는 대부분의 것을 얻게 된다. 예를 들어, 수렵민족이나 유목민족의 어떤 사람은 다른 사람보다 더 쉽고 훌륭하게 활과 화살을 만든다. 그는 가끔 자신이 만든 활과 화살을 다른 사람의 가축이나 사슴고기와 교환한다. 그러다가 마침내 이렇게 교환하는 것이 자신이 직접 들에 나가 사냥하는 것보다 더 많은 가축과 고기를 얻을 수 있는 방법임을 알게 된다. 그러므로 그는 자기 자신의 이익을 위해서 활과 화살을 만드는 것을 그의 주업으로 삼게 되어 무기 만드는 사람이 된다. ─1권 2장

옛날 옛적의 모습을 한번 상상해 보자. '로빈슨'은 사냥꾼이다. 그가 사냥을 하기 위해서는 당연히 활이나 창이 필요하다. 그런데 로빈슨이 먼저 활이나 창을 만들고 나서 사냥을 하자니 당장 배는 고픈데 시간이 너무 많이 걸릴 것 같다. 한편, 옆 마을에 사는 '노빈손'은 활과 창을 만드는 사람이다. 손재주가 좋은 노빈손은 여러 개의 사냥 도구를 만들었지만 정작 그는 사냥하는 방법을 모른다. 그렇다면 이때 로빈슨과 노빈손이 서로 이득을 보기 위해서는 어떻게 해야 할까? 당연히 로빈슨은 노빈손에게서 창과 활을 얻고 노빈손은 로빈슨에게서 사냥한 고기를 얻으면 될 것이다. 그렇게 되면 앞으로 로빈슨은 계속해서 사냥에 몰두할 것이고, 노빈손은 사냥 도구를 만드는 데 전념할 것이다. 그래서 아담 스미스는 '분업은 인간성에 내재하는 교환 성향으로부터 발생한다.'고

말한다. 각자에게 필요한 것을 서로 교환하는 행위가 자연스럽게 분업으로 이어지게 된 것이다.

그런데 로빈슨과 노빈손에게 문제가 하나 생긴다. 로빈슨은 노빈손에게 화살을 하나 받으려면 무슨 고기를 얼마나 주어야 할까? 즉 로빈슨과 노빈손이 서로 자기의 물건을 교환하기 위해서는 어떤 기준이 필요하다. 로빈슨은 사슴을 한 마리 잡는 데 두 시간이 걸리고, 노빈손은 화살을 하나 만드는 데 한 시간이 걸린다. 그럼 사슴고기와 화살을 어떻게 교환하게 될까? 로빈슨은 노빈손에게 사슴 한 마리를 주고 화살 두 개를 받을 것이다.

이렇게 로빈슨은 노빈손에게 사슴 고기를 주고 필요한 화살을 받았다. 하지만 이것으로 끝이 아니다. 로빈슨은 사냥을 위한 화살만 필요한 것이 아니라 빵도 먹고 싶다. 그래서 이번에는 빵을 만드는 '후안'에게 사슴 고기를 주고 빵 열 개를 받았다. 로빈슨이 왜 열 개의 빵을 받았는지 여러분은 이제 짐작할 수 있을 것이다. 후안이 빵 열 개를 굽기 위해서 두 시간을 일해야 하기 때문이다. 이제 물건의 가치가 자연스럽게 매겨졌다. 사슴 한 마리=화살 두 개=빵 열 개.

교환의 매개로 화폐가 생겨난 역사

이런 과정을 거쳐서 로빈슨, 노빈손, 후안은 각자가 가진 물건을 서로 교환할 수 있게 되었다. 그런데 또 문제가 생겼다. 만약 내가 원하는 걸 상대방이 원하지 않는다면 어떻게 해야 할까? 즉 로빈슨은 후안이 만든 빵을 먹고 싶지만, 후안은 사슴 고기를 좋아하지 않을 수도 있다. 그렇다면 둘 사이에는 물물 교환이 일어날 수 없을 것이다.

> 푸줏간 주인은 자기 자신이 소비할 수 있는 것보다 더 많은 고기를 가지고 있고, 술집 주인과 빵 가게 주인은 그 고기의 일부를 사고 싶어 한다. 그러나 술집 주인과 빵 가게 주인은 각자 자기 직업에서 얻을 수 있는 생산물 이외에는 교환할 만한 것을 가진 것이 없고, 푸줏간 주인은 당분간 자기가 필요로 하는 빵과 맥주를 모두 준비해 놓고 있다면 그들 사이에는 교환이 일어날 수 없다. 이러한 곤란한 상황을 피하기 위해, 분업이 처음으로 확립된 뒤 신중한 사람들은 다음과 같은 노력을 기울였다. 누구나 자기 노동으로 얻은 특수한 생산물 이외에 타인들이 받기를 거절하지 않을 것으로 생각되는 어떤 종류의 상품 일정량을 항상 가지고 있으려고 했을 것이다. ─1권 4장

이렇게 각자가 원하는 것이 다 달라서 교환이 일어나지 않는 경우가 생기기 때문에 화폐가 발생하게 된다. '사슴 한 마리=화살 두 개=빵 열 개=만 원'이라고 하자고 정한 것이다. 그래서 사슴 고기를 바로 화살 두 개로 바꾸는 것이 아니라 사슴 고기가 필요한 사람에게 만 원을 받고 팔아 이 돈으로 화살 두 개를 사는 것이다. 물론 매개수단인 돈이 처음부터 지금과 같은 화폐의 형태는 아니었다. 소금, 조개, 설탕 등등이 사용되기도 하다가 금이나 은과 같은 금속을 사용하기 시작한다. 이러한 과정을 아담 스미스는 다음

과 같이 설명한다.

아비시니아에서는 소금이, 인도 해안의 어느 지역에서는 조개 껍데기가, 뉴펀들랜드에서는 말린 대구가, 버지니아에서는 담배가, 서인도 식민지의 일부 지역에서는 설탕이, 또 다른 몇몇 나라에서는 가죽이 상업과 교환에 통용되었다. 그러나 모든 나라에서 사람들은 거부할 수 없는 이유로 금속을 이 목적에 사용하기로 결정한 것 같다. 금속은 다른 어떤 상품보다도 부패할 염려가 없으므로 보존하는 데 따르는 손실이 가장 적고 내구성이 강하다. — 1권 4장

그런데 아담 스미스가 강조하는 분업은 단지 한 사회 안에서만 일어나는 것이 아니라 국가 간에도 발생한다. 예를 들어, 우리나라의 포도주 판매량이 급증해서 국내에서 포도주를 생산하려한다고 해 보자. 하지만 기후나 토양 등 환경적인 이유 때문에 한국에서 포도를 재배하는 것이 프랑스에서 포도를 재배하는 것보다 몇 배나 더 비싸다면, 한국은 포도주를 생산하는 대신 프랑스의 포도주를 수입해서 파는 것이 더 큰 이익일 것이다. 그리고 포도 대신 우리나라 환경에 적합한 인삼을 재배해서 프랑스에 수출하는 것이 더 큰 이익을 남긴다면, 한국은 프랑스에 인삼을 팔고 프랑스는 한국에 포도주를 파는 '분업'이 일어난다. 이처럼 개인 사이에서도 분업은 중요하지만 국가 사이에서도 아주 중요하다.

자본론

1
상품

《자본론》의 시작은
상품에 대한 연구

여러분도 대표적인 경제체제로 자본주의와 공
산주의가 있다는 사실을 배웠을 것이다. 그중 공산주의를 주장한
것으로 알려진 마르크스가 남긴 대표작이 바로 《자본론》이다. 이
책은 제목에서 드러나듯이 '자본주의'에 관한 이야기이다. 이쯤에
서 여러분 중 누군가는 고개를 갸웃거릴 것이다. 왜 공산주의 사
상가가 공산주의가 아닌 자본주의에 관해 이야기하는 것일까? 마
르크스는 자본주의를 옹호하기 위해서가 아니라, 자본주의를 비
판하기 위해서 먼저 자본주의가 어떻게 작동하는지 알아야 한다
고 생각했다.

마르크스는 '자본주의'의 핵심을 '상품'이라고 생각했다. 왜 그
럴까? 가만히 생각해 보면 그 이유를 어렵지 않게 찾을 수 있다. 자
본수의라는 단어에서 드러나듯이 '자본' 즉 '돈'을 버는 것을 중요

시하는 것이 자본주의 사회이고, 돈을 벌기 위한 가장 일반적인
방법은 상품을 파는 것이기 때문이다. 장사하는 사람처럼 직접적
으로 상품을 파는 사람뿐만 아니라 회사를 다니는 사람도 자신의
회사가 팔 상품을 만들기 위해서 일을 하는 것이다. 또 이러한 상
품을 만들기 위해 필요한 원료, 재료, 기계, 건물 등도 역시 사고파
는 상품이다. 그래서 자본주의를 분석하고자 하는 마르크스는《자
본론》의 첫 부분을 상품에 관한 이야기로 시작하는 것이다.

> 자본주의 사회에서 부(富)는 '상품의 방대한 축적'으로 나타난
> 다. 개별 상품은 부의 기본 단위이다. 그러므로 자본주의 사회를 이
> 해하기 위해서는 상품의 분석에서 연구를 시작해야 한다. 상품은
> 우리 외부에 있는 대상이며, 이러저러한 인간의 욕망을 충족시켜
> 주는 물건이다. ─1권 1장●

　　그렇다면 마르크스가 생각하는 '상품'은 어떤 것일까? 먼저 마
르크스는 상품이 '물건'이라고 이야기한다. 우리가 지금 입고 있는
옷, 읽고 있는 책, 편의점에서 파는 삼각김밥 등 모든 것이 '물건'
이다. 그런데 아무 물건이나 상품이 되는 것은 아니다. 마르크스
는 '인간의 욕망을 충족시켜 주는 물건'을 상품이라고 한다. 자본
주의 사회에서 상품이 되기 위해서는 그것을 원하는 사람이 있어
야지 아무도 원하지 않으면 그건 상품이 될 수 없다. 간단한 예로
쓰레기를 원하는 사람은 아무도 없을 것이다. 따라서 쓰레기는 물

●《자본론》의 원문 번역은 저자의 허락을 받고 손철성의《자본론, 자본의 감추어진 진실 혹은
거짓》(풀빛, 2005)을 상당 부분 참조하였다.

건이라고 할 수는 있지만 '상품'은 아니다.

2
사용가치와
교환가치

하나의 상품에 대한 사용가치,
두 상품을 비교하는 교환가치

이제부터 좀 어려운 이야기를 시작해야 한다. 마르크스는 상품에
는 '사용가치'와 '교환가치'가 있다고 말한다. 무슨 말일까?

> 상품은 유용한 물건, 즉 쓸모가 있는 물건이다. 이러한 상품의
> 유용성은 상품으로 하여금 '사용가치'를 갖게 한다. 철, 밀, 다이아
> 몬드는 서로 다른 성질들로 말미암아 서로 다른 유용성을 가지며,
> 따라서 사용가치도 서로 다르다. 우리가 살펴보는 자본주의 사회
> 에서 상품의 사용가치는 동시에 '교환가치'의 보유자다. 교환가치
> 란 어떤 상품이 다른 상품과 교환될 수 있는 가치를 가리키는데, 상
> 품이 이러한 교환가치를 갖게 되는 것은 그 상품이 일정한 사용가
> 치를 갖고 있기 때문이다. 교환가치는 양적 관계 즉 어떤 사용가치
> 가 다른 사용가치와 교환되는 비율로 나타난다. — 1권 1장

우선 사용가치와 교환가치는 모두 어떤 '가치'를 포함하는 말

이니 가치라는 말부터 살펴보자. '가치'가 있다는 것은 무슨 의미일까? 흔히 우리는 어떤 것이 우리에게 쓸모가 있을 때 그것이 가치가 있다고 말한다. 그러면 '사용가치'는 우리가 어떤 것을 사용하기에 쓸모가 있는 성질을 가지고 있다는 말일 것이다. 예를 들어, 옷이 사용하기에 쓸모 있는 이유는 옷이 추위나 더위로부터 우리 몸을 보호해 주는 성질을 가졌기 때문이다. 이것이 옷의 사용가치다. 편의점 삼각김밥의 사용가치는 우리 배고픔을 달래 줄 수 있는 성질일 것이다.

그렇다면 '교환가치'는 무엇일까? 사용가치가 상품을 사용하기에 쓸모가 있다는 의미라고 하였으니 교환가치는 상품을 교환하기에 쓸모가 있는 것이라고 짐작할 수 있다. 앞서 아담 스미스의《국부론》에서 로빈슨과 노빈손은 사슴 한 마리 고기와 화살 두 개를 서로 교환했던 것을 기억해 보자. 이때 사슴 한 마리가 가지는 교환가치는 화살 두 개라고 할 수 있다. 또 우리가 시장에서 마음에 드는 티셔츠를 만 원에 샀다고 했을 때, 이 티셔츠의 교환가치는 만 원이다. 내 돈 만 원과 티셔츠 한 장을 '교환'한 것이다.

이제 '사용가치'와 '교환가치'의 개념이 이해가 되는가? 여기서 한 가지 덧붙일 말이 있다. 교환가치가 낮다고 사용가치도 낮은 것은 아니라는 사실이다. 예를 들어, 엄청나게 배고픈 사람에게 편의점 삼각김밥은 교환가치(=가격)는 그렇게 높지 않지만 그것의 사용가치는 아주 높을 것이다. 또 내가 가장 아끼는 옷이 만원짜리 청바지라면, 그 바지의 교환가치는 만 원이지만 나에게 있어 사용가치는 만 원 이상이 될 것이다.

노동시간을 통해 결정되는 교환가치

그런데 여기서 의문이 하나 생길 수 있다. '바지 한 장=만 원'은 어떻게 결정되는 것인가? 바지 만드는 회사가 마음대로 결정하는 것일까? 물론 그렇지는 않을 것이다. 마르크스는 이렇게 이야기한다.

> 그렇다면 상품의 교환 비율을 결정하는 공통 요소는 무엇인가? 만약 상품의 사용가치를 무시한다면 거기에는 오직 하나의 성질, 즉 '노동 생산물'이라는 성질만이 남는다. 모든 상품은 인간의 노동을 통해서 생산되기 때문에 거기에는 공통으로 노동이 들어가 있다. 물론 책상, 집, 면사 등 각각의 상품을 만드는 데 사용된 구체적인 노동의 형태는 서로 다르지만, 그러한 구체적인 노동 형태의 차이점을 무시한다면 거기에는 이제 서로 구별되지 않고 모두 동일한 종류의 노동인 '추상적 인간 노동' 즉 인간 노동 일반이 들어 있을 뿐이다. ─1권 1장

교환가치가 어떻게 결정되는지에 대한 마르크스의 설명을 이해하기 위해서 앞서 아담 스미스의 《국부론》에 대한 설명에 등장했던 로빈슨과 노빈슨의 예로 다시 한 번 돌아가 보자. 사냥꾼 로빈슨은 사슴 한 마리를 잡기 위해서 두 시간을 일했고 활을 만드는 노빈슨은 화살 한 개를 만들기 위해서 한 시간을 일했다. 그래서 로빈슨과 노빈슨은 사슴 한 마리와 화살 두 개를 서로 교환

했다. 이처럼 상품을 교환할 수 있는 기준이 되는 단위가 바로 일을 한 시간, 즉 '노동시간'이다.

마르크스도 아담 스미스처럼 교환가치는 어떤 상품을 생산하는 데 들어간 노동시간에 의해서 결정된다고 생각했다. 이처럼 어떤 상품을 만들기 위해서 들어가는 노동시간이 가치를 만들어 낸다는 것을 '노동가치설'이라고 한다. 그런데 노동가치설, 이거 어디서 많이 들어 본 것 같지 않은가? 앞서 우리가 로크의 《통치론》에 대해 공부하면서 이야기했던 것이다. (잘 기억이 안 난다고? 그럼 지금 3장 〈국가는 왜, 어떻게 만들어졌을까〉를 잠깐 살펴보는 것도 좋겠다.)

그런데 여기서 궁금한 게 하나 생긴다. 로빈슨은 아주 솜씨 좋은 사냥꾼이어서 사슴 한 마리를 사냥하는 데 두 시간이면 되지만, 철수는 초보사냥꾼이어서 사슴 한 마리를 사냥하는 데 여덟 시간이 걸린다고 해 보자. 이처럼 사람마다 일하는 시간이 다 다르면 누구의 노동시간을 기준으로 '교환가치'를 정해야 하는 것일까? 이에 대해 마르크스는 '사회적으로 필요한 노동시간'이라는 개념을 제시한다. '사회적으로 필요한 노동시간'이란 무슨 뜻일까? 쉽게 말하면, 한 사회의 평균적인 사람이 어떤 상품을 만드는 데 들인 시간이라고 할 수 있다. 즉 평균적인 노동시간이 곧 '사회적으로 필요한 노동시간'이다. 사슴 고기의 가치는 로빈슨이나 철수를 포함해서 보통의 사냥꾼들이 평균적으로 사슴을 사냥하는 데 걸리는 시간을 계산해서 결정된다고 할 수 있다.

자, 이제 사용가치와 교환가치를 정리해 보자. 사용가치는 어떤 상품이 사용하기에 쓸모가 있는 특성을 가지고 있다는 것이다. 교환가치는 어떤 상품을 다른 상품과 교환할 수 있는 가치이다.

교환가치는 그 상품을 만들 때 들어간 평균적인 노동시간, 즉 사회적으로 필요한 노동시간으로 결정된다.

3
노동

동물의 노동은 본능의 산물, 인간의 노동은 의식의 산물

어떤 상품의 교환가치는 그 상품을 생산할 때 들어간 노동시간에 의해 결정된다고 주장할 만큼 마르크스는 노동에 대해서 큰 관심을 가지고 있었다. 심지어 그는 노동이 인간을 다른 동물과 구분해 주는 중요한 특성이라고 생각했다. 어쩌면 이렇게 묻는 사람도 있을 것이다. 아니, 인간만 일하는 것이 아니라 거미도 열심히 집을 짓고 벌도 열심히 꿀을 모으는데 인간과 동물을 구분하는 기준이 노동이라니? 이에 대해서 마르크스는 다음과 같이 대답한다.

거미는 직포공이 하는 일과 비슷한 일을 하며 꿀벌은 아주 정교하게 집을 지어 인간 건축가를 부끄럽게 만들기도 한다. 그러나 동물의 노동과 인간의 노동에는 차이점이 있다. 가장 서투른 건축가라 할지라도 꿀벌보다 뛰어난 점은, 인간은 집을 짓기 전에 미리 자신의 머릿속에 그 집을 떠올려 본다는 것이다. 노동자는 단지 자연물의 형태를 변화시키는 데 그치지 않고, 더 나아가 자신이 의식

마르크스에 따르면 인간의 노동은 다른 동물들의 노동과 구분된다. 왜냐하면 거미나 꿀벌의 노동은 본능에 따라 집을 짓는 행위이기 때문에 거미나 꿀벌은 자기가 무엇을 하고 있는지 전혀 알지 못한다. 그래서 거미나 꿀벌은 멋지게 집을 지어도 자신들의 노동에서 아무런 보람도 느끼지 못한다. 반면 인간의 노동은 어떤 것을 만들어야겠다고 미리 생각하고 만드는 의식적인 활동이다. 즉 인간은 자신이 일하는 의미를 알고 있다. 내가 살고 싶은 집을 내가 직접 지었을 때 그 집이 비록 거미나 꿀벌이 지은 집보다는 정교하거나 아름답지 않더라도 그 집이 어떤 의미를 가지는지에 대해서 나는 잘 알고 있다. 또 우리는 그러한 노동의 결과물에 대해서 보람을 느낀다. 이런 의미에서 인간의 노동은 인간을 다른 동물과 구분해 주는 중요한 활동이라고 마르크스는 정의한다.

인간의 노동 또한 하나의 상품

주위를 살펴보면 우리가 사는 자본주의 사회에서 얼마나 많은 것들이 상품화되고 있는지 깜짝 놀랄 정도다. 여러분의 부모님들이 여러분 정도의 나이였을 때만 해도 돈을 주고 물을 사 먹게 될지, 즉 물이 상품이 될지 상상도 못했을 것이다. 아마 나중에 우리는 공기와 바람 같은 것들도 돈을 주고 사야 할지도 모른다. 어쩌면 '우정'이나 '사랑'까지도 돈으로 살 수 있는 상품이 될지도 모를 일이다. 이처럼 자본주의 사회에서 많은 것들이 상품화되는데, 마르크스는 인간의 고유한 활동인 노동마저도 자본주의 사회에서 상품화되는 것을 안타까워했다. 그런데 잠깐, 인간의 노동이 상품이 된다니? 앞에서 마르크스는 상품은 '인간의 욕망을 충족시켜 주는 물건'이라고 했는데, 그렇다면 인간의 노동도 '물건'이라는 말인가?

여러분 중에 '알바'를 해 본 사람이 있을 것이다. 여러분이 한 시간을 일하면 대부분 최저임금을 받을 것이다. 최저임금이 6030 원이라고 한다면, 여러분의 한 시간 노동은 6030원짜리 상품이 되는 것이다. 이는 회사에 고용되어 있는 직장인의 경우도 마찬가지다. 노동자가 받는 월급이 바로 그 사람의 노동력이라는 상품의 한 달 가격인 셈이다. 이렇게 자본주의 사회에서는 인간의 노동도 상품이 된다.

4
잉여가치와
착취

노동시간을 연장해서 얻는
잉여가치

자본가의 목적은 다음 두 가지다. 첫째, 그는 교환가치를 가지고 있는 사용가치, 즉 다른 사람에게 팔 수 있는 물건인 상품을 생산하려고 한다. 둘째, 그는 생산에 사용된 가치총액, 즉 생산수단과 노동력의 가치총액보다 가치가 더 큰 상품을 생산하려고 한다. 생산과정에 들어간 노동력은 자신의 가치보다 더 큰 가치를 만들어 낸다. 자본가는 노동력을 구매할 때 이러한 점을 이미 염두에 두고 있다. 그래서 자본가는 노동력이 만들어 낼 잉여가치를 기대하면서 임금을 주고 노동자를 고용하는 것이다. — 1권 7장

자본주의 사회는 상품을 팔아서 이윤을 남겨야만 하는 사회다. 옷을 만드는 회사에서는 제품을 판매해서 수익을 남겨 돈을 버는 것이 목적이지, 다른 물건과 교환하려고 옷을 만드는 것은 아닐 것이다. 그러면 옷을 만들어 돈을 벌려고 하는 공장의 사장(=자본가)은 어디에서 이윤을 남기는 것일까? 옷을 만드는 경우를 생각해 보자. 우선 사장은 자신이 가지고 있는 1억 원의 돈으로 공장을 짓고 기계를 들여놓고 원료를 사 올 것이다. 그리고 나머지 돈으로 공장에서 일할 직원을 채용할 것이다. 그렇게 해서 옷을 만든 후 시장에 팔았더니 1억 2000만 원이 생겼다. 그런데 이 2000만 원의 이윤은 어디에서 온 것일까? 마르크스에 따르면 노동자의 노동에서 온 것이다. 그럼 사장이 이윤을 더 남기려면 어떻게 해야 할까? 공장을 짓고 기계와 원료를 사 오는 돈은 일정하게 정해져 있다. 따라서 이윤을 더 늘리기 위해서는 직원들의 월급을 줄이거나 일하는 시간을 늘리는 방법밖에 없을 것이다. 그래서 마르크스는 다음과 같이 이야기한다.

노동자는 임금을 받고 자본가에게 노동력을 판매했기 때문에,

노동력을 사용할 수 있는 권리는 자본가에게 있다. 자본가는 노동력의 가치에 해당되는 임금을 노동자에게 주었기 때문에 그 노동력을 사용할 수 있는 권리를 갖는다. 자본가가 하루 동안 노동력을 사용할 수 있는 권리를 3원에 구매하고, 노동자가 자신의 하루 임금에 해당되는 3원의 가치를 생산하는 데 6시간이 걸린다고 가정하자. 그런데 자본가는 하루 동안 노동력을 사용할 수 있는 권리를 갖기 때문에 12시간 동안 노동자에게 일을 시켜서 6원의 가치를 생산하도록 한다. 이 과정에서 노동력은 자신의 가치인 3원보다 더 많은 6원의 가치를 생산하므로, 결과적으로 3원의 잉여가치를 만들어 낸 것이 된다. 잉여가치는 오직 노동력의 초과에 의해서만, 즉 노동시간의 연장에 의해서만 발생한다. ─1권 7장

사장은 직원과 오전 9시부터 오후 6시까지 8시간의 일을 하는 조건으로 계약을 했다. 이 옷 공장에서 직원이 1시간을 일하면 만 원의 가치를 만들어 낼 수 있다고 한다. 그렇다면 직원이 8시간 일해서 만들어 내는 가치는 총 8만 원이므로 이익을 남기고 싶은 사장은 노동자가 만들어 낼 가치보다 더 적은 돈인 6만 원의 일당을 지급하기로 약속한다. 이 계약에 따르면 이 직원은 6시간만 일해도 되는 만큼의 돈을 받고 8시간이나 일을 하는 셈이다. 결국 직원은 6시간은 자신이 받은 돈을 위해서, 나머지 2시간은 사장만을 위해서 일한 것이 되고 만다. 결국 직원이 이 2시간 동안 생산한 제품을 통해서 남긴 이윤은 고스란히 사장의 몫으로 돌아갈 것이다.

만약 옷 공장에서 이와 같은 직원을 10명 고용한다면 사장의

이득은 10배로 늘어날 것이다. 이렇게 노동자의 노동을 통해서 늘어난 가치를 마르크스는 '잉여가치'라고 부른다. 그런데 자본가인 옷 공장 사장 입장에서는 이러한 '잉여가치'가 자신에게 돌아가는 '이익'일 수 있겠지만, 노동자인 직원의 입장에서는 자신이 만든 가치를 남에게 빼앗기는 것이다. 마르크스는 여기에서 노동자에 대한 자본가의 '착취'가 일어난다고 말한다.

억울하면 너도 사장 되라?
공동소유의 이유

혹시 이렇게 생각하는 사람이 있을지도 모른다. 그렇게 억울하면 옷 공장 사장이 되지, 왜 직원이 되어서 불만을 가지느냐, 너도 열심히 공부하고 노력해서 사장이 되어라. 사실 우리가 사는 자본주의 사회에서 자주 듣는 이야기다. 하지만 안타깝게도 노동자는 자신의 노동력 외에는 아무것도 가진 것이 없는 사람이다. 아무리 열심히 일한다고 한들 자본가가 될 수 있을 만큼 충분한 돈을 모을 수는 없다.

노동자가 생존을 위해 처분할 수 있는 것은 자신의 노동력 이외에는 없다. 누구든지 생존을 위해서는 물건을 생산해서 팔아야 하는데, 노동자는 생산수단(토지, 원료, 기계 등)이 없기 때문에 물건을 생산할 수 없다. 구두를 생산하려면 가죽이나 재봉틀과 같은 생산수단이 필요하다. 그런데 노동자는 노동력 이외에는 상품으로서 판매할 다른 어떤 것도 전혀 가지고 있지 않다. —1권 6장

노동자는 자신의 노동력 외에는 아무것도 가진 것이 없기 때문에 싫어도 사장이 주는 월급을 받을 수밖에 없다. 여러분이 '알바'를 한다고 생각해 보자. 아무리 생각해 봐도 최저임금이 적다고 하더라도 울며 겨자 먹기로 받아들일 수밖에 없다. 내가 아니어도 그 임금으로 일하고 싶은 사람이 줄을 서 있기 때문이다. 이렇게 줄을 서 있는 사람들을 마르크스는 '산업예비군'이라고 부른다. '예비군'은 만일 전쟁이 일어날 경우 현역 군인들과 함께 언제든지 전쟁에 투입될 예비군인들을 말한다. '산업예비군'들은 언제든지 회사에 투입되기를 기다리고 있는 예비노동자들이라고 할 수 있다. 그래서 회사에 소속된 직원들 역시 자신의 월급이 자신이 만들어 내는 노동의 가치보다 더 적은 줄 알면서도 마르크스가 '산업예비군'이라고 부르고 있는 사람들이 충분하기 때문에 그 월급을 받아들일 수밖에 없는 것이다.

요즘 우리나라에서도 수많은 사람이 일하고 싶지만 일자리가 없는 현실 탓에 월급이 터무니없이 적어도, 또 1년이나 2년밖에 일하지 못하는 비정규직이라도 일단은 취직을 하려고 애를 쓴다. 즉 노동자는 노동력밖에 가진 것이 없고 자본가는 돈과 생산수단을 가지고 있기 때문에 이렇게 불평등한 관계가 생기고, 그래서 자본가에 의한 노동자의 착취가 발생하는 것이다. 그리고 이런 착취로 인해서 자본주의 사회에서는 자본가는 점점 더 돈을 많이 벌게 되고, 노동자는 아무리 열심히 일해도 항상 가난할 수밖에 없게 된다. 우리나라도 현재 돈이 많은 사람 10퍼센트가 우리나라 전체 부의 50퍼센트를 차지하고 있을 정도로 빈부격차가 점점 벌어지고 있는 상황이다.

　　그렇다면 이러한 노동자에 대한 자본가의 착취를 없애기 위해서는 어떻게 해야 할까? 마르크스는 아예 사유재산을 폐지하자고 말한다. '내 것' '네 것'이 없으면 사람들은 '내 것'을 더 많이 가지기 위해서 다른 사람을 괴롭히거나 다른 사람의 것을 빼앗지 않을 것이기 때문이다. 그럼 사유재산을 없애려면 어떻게 해야 할까? 재산을 모두 함께 소유하면 된다. 그러면 '내 것' '네 것'은 사라지고 '우리 것'이 생긴다. 토지나 공장과 같은 생산수단을 공동으로 소유하고 모두 함께 생산하여 각자가 필요한 만큼 나누어 가지는 것, 이것이 바로 마르크스가 말하는 공산주의이다.

노예의 길

1
사회주의는 곧
'노예의 길'

전체주의 사회는 곧
사회주의 사회

　　하이에크는 자신의 책 제목을 '노예의 길'이라고 했는데, 왜 제목을 그렇게 무섭게 지은 걸까? 이 제목의 의미를 이해하기 위해서는 먼저 당시의 시대적 상황을 이해할 필요가 있다. 하이에크가 《노예의 길》을 썼던 1940년대는 독일에서는 히틀러가, 옛 소련에서는 스탈린이 무시무시한 독재를 하던 시대였다. 여러분도 히틀러나 스탈린이 지배하던 독일이나 옛 소련을 일컫는 '전체주의 사회'라는 말을 들어 본 적이 있을 것이다. '전체주의'는 말 그대로 사회 '전체'의 이익이나 목표를 개인의 이익이나 목표, 또는 개인의 자유보다 우선시하는 사회다. 그래서 국가가 제시한 목표에 도움이 안 될 경우 국민들의 인권이나 자유는 철저하게 무시되고 억압되었으며, 심지어 국가에 반대하는 사람들은 가차 없이 처형되기도 하였다. 지금도 우리가 히틀러나 스탈린의 시대를 끔찍하게 생각하는 것도 이러한 이유 때문이다. 그래서 하이에크는 이러한 전체주의의 위험성을 경고하기 위해서 《노예의 길》을 썼다. 이 책의 첫머리에서 하이에크는 전체주의 사회는 곧 사회주의 사회라고 말한다.

전체주의의 등장은 이전 시대의 사회주의적 경향에 대한 반감 때문이 아니라 그러한 사회주의적 경향의 필연적 결과였다. — 서론

국가의 통제 아래
개인은 모두 노예

그럼 왜 하이에크는 문제가 많은 전체주의와 사회주의를 동일하게 생각하는 것일까? 우선 하이에크가 생각하는 '사회주의'가 무엇인지부터 살펴볼 필요가 있다. 하이에크는 사회주의에 대해서 이렇게 이야기한다.

'사회주의'는 때로 사회주의의 궁극적 목적인 사회정의, 평등의 확대, 사회보장이라는 이상을 표현하는 말로 사용된다. 그러나 사회주의는 또한 대부분의 사회주의자들이 이러한 목적을 달성하기 위한 특정한 방법을 의미하기도 한다. 이런 의미에서 사회주의는 사적 기업과 생산수단의 사적 소유 폐지, 이윤을 추구하는 기업가 대신에 중앙계획당국이 들어서는 '계획경제' 체제를 의미한다. — 3장

하이에크는 여기에서 '사회주의=계획경제'라고 말한다. 왜냐하면 사회주의 사회에서는 개인의 소유는 없고 국가나 사회가 모든 것을 소유하고 국가나 사회의 계획에 따라 모든 것을 생산하고 그렇게 생산된 것을 개인에게 나누어 주는 사회이기 때문이다. 예를 들어, 내가 거리에서 호떡 장사를 한다면 오늘 가능한 한 많은 호떡을 팔아서 많은 돈을 벌려고 생각하는 것이 아니라, 국가가 사회에 필요한 호떡 개수를 '계획'해서 나에게 말하면 나는 그만큼만 만들면 된다. 물론 내가 만든 호떡은 내 것이 아니라 국가의 것이고 국가는 내가 만든 호떡을 다른 사람에게 '계획에 따라서' 나누어 준다. 그러므로 하이에크는 '전체주의=사회주의=계획경제'라고 생각하는 것이다. 하이에크가 생각하는 사회주의에는 우리가 조금 전에 살펴본 마르크스의 공산주의도 포함되어 있다.

그럼 이제 왜 하이에크가 책의 제목을 '노예의 길'이라고 했는지에 대한 처음의 질문으로 다시 돌아가 보자. 사회주의 사회에서는 모든 경제활동이 국가의 계획하에서 진행되니 사람들은 서로 더 많은 돈을 벌기 위해서 경쟁하는 것이 아니라 국가에서 시키는 대로만 하게 된다. 말하자면 개인은 국가가 명령하는 대로 행하는 '노예'가 되는 것이다. 그래서 하이에크는 전체주의와 사회주의에 대해 경고하는 책의 제목을 《노예의 길》이라고 했다. 사회주의는 개인이 자유를 잃고 국가의 노예가 되는 길이라는 뜻이다. 물론 노예를 소유하고 모든 것을 계획하고 통제하는 국가는 독재국가일 수밖에 없다.

2
개인 자유의
중요성

개인의 견해와 취향이
가장 중요한 것

하이에크가 전체주의를 반대한 가장 큰 이유는 그가 개인의 자유를 무척 소중하게 생각했기 때문이다. 《노예의 길》에서 하이에크는 개인의 자유는 어떠한 이유로든 침해되어서는 안 된다는 것을 계속해서 강조한다. 과연 하이에크가 주장하는 개인의 자유란 어떤 것일까?

> 개인을 한 명의 인간으로서 존중하는 것이며 개인의 견해와 취향을 그 자체로 인정하는 것이고, 또한 인간은 자신의 개인적 재능과 소질을 개발하는 것이 바람직하다는 신념이다. — 1장

하이에크는 개인의 견해와 취향을 그 자체로 인정해야 한다고 말한다. 물론 나의 자유와 권리가 중요한 만큼 다른 사람의 자유와 권리도 중요하다. 그러니 나의 자유를 위해서 타인의 자유를 침해해서는 안 된다. 그래서 가장 바람직한 사회는 이러한 자유로운 개인들이 자유롭게 서로 경쟁하는 사회이다. 반면에 전체주의는 이렇게 소중한 개인의 권리를 무시하고 계획경제를 통해서 개인들의 경쟁을 막는 사회이다.

사회 발전의 동력은
자유로운 개인 사이의 경쟁

그럼 왜 하이에크에게는 경쟁이 그렇게 중요할까? 하이에크는 사회의 발전을 이루는 것은 국가의 계획이 아니라 자유로운 개인 간의 경쟁이라고 설명한다. 어디서 많이 들었던 이야기 아닌가? 하이에크의 이러한 주장은 우리가 이미 살펴본 아담 스미스의 말을 떠올리게 한다. 아담 스미스 역시 모든 개인들은 더 나은 삶을 원하기 때문에 더 나은 삶을 위해 경쟁하게 되고 그 결과 사회의 발전도 가져오게 된다고 말했다. 또 모든 일이 국가의 계획대로 진행되는 것은 아니기 때문에 국가가 자신의 계획에 집착하다 보면 오히려 일이 엉망진창이 되기도 한다고 했다.

하이에크의 생각도 아담 스미스와 마찬가지다. 모든 개인들이 가지고 있는 삶의 목적은 다 다를 것이다. 그런데 전체주의 혹은 사회주의에서는 모든 개인에게 단 하나의 목적을 강요한다. 결국 국가는 여러 개인들의 목적을 강제적으로 하나로 조정하기 위하여 개인의 자유를 억압하고 통제한다. 그래서 개인은 자유를 잃어버린 노예가 될 수밖에 없다. 노예로 살지 않기 위해서는 개인의 자유가 보장되지 않는 사회주의를 경계해야 하고 자유로운 경쟁을 허락하는 자유시장경제를 추구해야 한다.

경쟁은 대부분의 상황에서 강압적인 혹은 자의적인 권력의 개입 없이 각 사람들의 행동이 서로서로 조정될 수 있도록 하는 가장 효과적인 수단일 뿐만 아니라 유일한 수단이다. 경쟁이 사회를 조

그런데 하이에크가 생각한 것처럼 정말 사회주의는 개인보다 사회를 우선하는 사회일까? 사회주의 또는 공산주의에 관한 대표적인 사상가가 앞서 살펴본 마르크스이다. 마르크스 역시 사유재산을 폐지하고 모든 생산수단을 사회 전체가 소유해야 한다고 생각했다. 하지만 이것은 마르크스가 개인의 자유보다 사회의 목표를 우선시했기 때문이 아니다. 다만 마르크스는 개인에 관해 하이에크와는 다른 개념을 가지고 있었다고 할 수 있다. 하이에크가 개인은 그 자체로 하나의 독립적인 존재라고 생각한 반면 마르크스는 그렇게 독립적으로 존재하는 인간은 없다고 보았기 때문이다. 예를 들어, 하이에크에 따르면, '나'는 어느 학교의 몇 학년 몇 반인가에 상관없이 고유한 '나'이다. 하지만 마르크스에 따르면, 지금의 '나'를 만들고 있는 요소 중의 하나는 내가 어느 학교의 몇 학년 몇 반에 소속되어 있는가이다. 만약 내가 다른 나라, 다른 학교, 다른 반에서 다른 사람들과 관계를 맺었다면 '나' 자신은 지금과 달라졌을 것이다. 즉 마르크스의 생각은 개인은 사회와 독립되어 홀로 존재할 수 있는 것이 아니라 사회 속에서만 존재할 수 있다. 그래서 개인의 자유를 최대한 보장받기 위해서 마르크스는 사회 전체를 바꾸려는 계획을 세울 수밖에 없었다.

3
자유시장경제의
옹호자

경제를 국가가 계획하고 통제하는 것은
원천적으로 불가능

하이에크는 개인의 자유를 최대한 보장하는 자유시장경제를 옹호했다. 왜 그럴까? 자유시장경제가 강조하는 자유로운 시장이야말로 개인의 자유가 가장 잘 발현될 수 있는 곳이기 때문이다. 그래서 하이에크는 이렇게 이야기한다.

> 시장에서 사람들은 거래할 수 있는 사람을 찾을 수 있는 한에서 어떤 가격으로도 자유롭게 사고팔 수 있어야 한다. 또 누구나 생산이나 판매를 할 수 있는 물건이면 무엇이나 자유롭게 생산하고 판매할 수 있어야 한다. 그리고 모두가 동일한 조건으로 사업에 참가할 수 있도록 시장은 개방되어 있어야 한다. 법은 이러한 참가를 힘으로 제한하고자 하는 어떠한 개인이나 집단의 시도도 용납해서는 안 된다. ─3장

하이에크가 생각하는 이상적인 시장은 국가와 어떠한 인위적인 조직의 개입 없이 자유로운 개인들이 활동을 하는 곳이다. 그런데 사회주의는 이러한 시장에 인위적으로 개입하려고 하다 보니 개인의 자유가 침해되는 등 여러 가지 문세가 생길 수밖에

없다.

특히 하이에크는 이러한 자유로운 시장에 국가가 개입하는 것 자체가 애초에 불가능하다고 생각한다. 왜냐하면 국가가 경제를 계획해서 이끌어 가려면 사회에 필요한 모든 것을 다 알고 있어야 하는데 그것은 불가능한 일이기 때문이다. 예를 들어, 국가가 오늘 필요한 호떡 개수를 알고 있어야 총 몇 개의 호떡을 만들어 누구에게 나누어 줄지를 계획할 수 있는데, 이것은 사실상 불가능한 일이다. 따라서 국가가 시장에 인위적으로 개입하려고 하면 할수록 문제만 발생할 뿐이다.

경쟁만이
개인의 자유와 시장경제를 유지하는 힘

이와 같은 하이에크의 생각과 정반대로 마르크스는 이러한 자유 시장경제가 오히려 인간의 자유를 억압한다고 보았다. 앞서 살펴보았던 것처럼, 자본주의 사회에서 노동자는 자본가에게 착취를 당하기 때문에 일하면 일할수록 자본가와 노동자의 격차는 더 커지기 때문이다. 이런 자본주의 사회에서는 개인의 자유는 존재하지 않고 오직 살기 위해서 더욱 많은 시간을 일해야만 한다. 이런 모순을 바로잡기 위해서는 시장에 맡겨서는 안 되고 자본가, 노동자 따로 없이 모두가 함께 일하고 필요한 만큼 나누어 쓰는 공산주의로 나아가야 한다고 마르크스는 말했던 것이다.

이처럼 마르크스와 하이에크는 개인의 자유와 이를 보장할 수 있는 경제제도가 어떤 것이냐에 대해서 전혀 다른 생각을 가지고 있었다고 할 수 있다. 북유럽의 복지국가를 한번 생각해 보자. 북유럽의 복지국가는 완전한 사회주의라고 할 수는 없지만 국가가 최대한 계획하고 개입하여 부를 인위적으로 분배하려고 한다. 그래서 부자들에게 많은 세금을 내게 하고 가난한 사람들이 더 나은 삶을 살 수 있도록 이 세금을 사용한다. 즉 가난한 사람의 자유를 실현하기 위해서 국가가 개입하는 것이다.

반면 하이에크는 이런 강한 복지국가에 반대한다. 왜냐하면 가난한 사람을 도와주기 위해서 부자에게 세금을 많이 걷는 것은 경쟁을 통해서 얻은 소득에 대한 개인의 자유를 침해하는 것이기 때문이다. 즉 복지국가는 결국 가난한 사람의 자유를 보장하기 위해서 부자의 자유를 침해하는 것이기 때문에 올바르지 않다고 할 수 있다. 하이에크는 오히려 국가가 개입하지 않고 시장에 내버려두면 가난한 사람들은 경쟁을 통해서 부자가 될 수 있다고 생각한다. 그래서 다음과 같이 말한다.

경쟁을 통해서 가난하게 출발한 사람이 부자가 될 가능성은 부를 물려받은 사람보다 훨씬 더 작은 게 사실이다. 그러나 경쟁만이 가난한 사람이 부자가 되는 것을 가능하게 한다. 또 경쟁 시스템은 부자가 되는 것이 자기 자신에게 달려 있을 뿐 권력자의 호의에 달려 있지 않게 만든다. 이 경쟁 시스템은 아무도 누군가가 부자가 되려고 시도하는 것을 금지할 수 없는 유일한 시스템이다. —8장

정리해 봅시다

지금까지 우리는 아담 스미스의 《국부론》, 마르크스의 《자본론》, 하이에크의 《노예의 길》의 내용을 살펴보았습니다.

아담 스미스는 '보이지 않는 손' 덕분에 개인의 이기심이 공공의 이익을 가져오기도 하고, 시장에서 가격이 자연스럽게 결정되기도 한다고 말합니다. 그렇기 때문에 국가는 개인들의 경제활동에 대한 간섭을 최소화해야 한다고도 말합니다. 이러한 아담 스미스의 생각은 하이에크도 이어받고 있습니다.

하이에크는 국가가 개인의 자유로운 경제활동을 막는 전체주의는 결국 '노예가 되는 길'이라고 생각했기 때문에 개인이 자유로운 경제활동을 할 수 있는 자유시장경제를 옹호하였습니다. 또 개인의 자유를 중요하게 생각해서 국가가 평등을 위해 분배에 적극적으로 개입하는 복지국가에 대해서도 반대했지요.

이에 반해 마르크스는 자본주의 사회에서는 자본가가 노동자를 끊임없이 착취할 수밖에 없다고 하였습니다. 그래서 이러한 상황을 벗어나기 위해서는 '내 것' '네 것'을 나누는 사유재산을 폐지하고 모든 것을 사회 전체가 함께 생산하여 필요한 만큼 나눠 가지는 공산주의를 주장합니다.

이처럼 세 사람이 생각한 바람직한 경제제도가 조금씩 다르기는 하지만 인간에게 가장 유익한 경제제도를 찾기 위한 치열한 고민 속에서 나왔다는 점에서는 동일하다고 할 수 있겠지요.

	아담 스미스	하이에크	마르크스
경제를 움직이는 힘	· 보이지 않는 손	· 개인의 자유 및 개인들의 경쟁 ('보이지 않는 손'에 동의)	· 자본가의 이기심과 노동자의 노동
비판의 대상	· 국가의 개입	· 전체주의, 사회주의, 계획경제 (국가의 지나친 개입)	· 노동자에 대한 자본가의 착취
바람직한 경제제도		· 자유시장경제	· 공산주의

참고한
소중한
책

1장

● 《햄릿》 셰익스피어 지음, 최종철 옮김, 민음사 펴냄, 2001
● 〈고민하는 햄릿, 그가 보여 주는 인간의 길〉 김연숙 글, 《고전 톡톡: 고전 톡 하면 통한다》 채운·수경 엮음, 북드라망 펴냄, 2012
● 〈우리는 왜 죽음을 기억해야 하는가, 셰익스피어의 《햄릿》〉 이종숙 글, 《인문학 명강—서양고전》 김상근 외 지음, 21세기북스 펴냄, 2014
● 《변신·시골의사》 프란츠 카프카 지음, 전영애 옮김, 민음사 펴냄, 1998
● 《철학카페에서 문학읽기》 김용규 지음, 웅진지식하우스 펴냄, 2006
● 〈카프카의 《변신》에 나타난 불안의 미학〉 조현천 글, 《세계문학비교연구》 39집, 2012
● 《월든》 소로우 지음, 강승영 옮김, 은행나무 펴냄, 2011
● 〈《월든》의 생태주의적 지향성에 관한 연구〉 윤희수 글, 《새한영어영문학》 43집, 2001

2장

● 《역사란 무엇인가》 E. H. 카 지음, 김택현 옮김, 까치 펴냄, 1996
● 《원문과 함께 읽는 삼국사기》 김부식 지음, 박장렬 외 옮김, 한국인문고전연구소 펴냄, 2012
● 《원문과 함께 읽는 삼국유사》 일연 지음, 신태영 옮김, 한국인문고전연구소 펴냄, 2012
● 《김부식과 일연은 왜》 정출헌 지음, 한겨레출판 펴냄, 2012
● 《고전, 끝나지 않는 울림》 정진홍 지음, 강 펴냄, 2003

3장 ────────────────────────────────

● 《리바이어던 1》 토머스 홉스 지음, 진석용 옮김, 나남 펴냄, 2008

● 《리바이어던, 자유와 맞바꾼 절대 권력의 유혹》 토마스 홉스 지음, 하승우 풀어씀, 풀빛 펴냄, 2007

● 《통치론》 존 로크 지음, 강정인·문지영 옮김, 까치 펴냄, 1996

● 《통치론》 정윤석 지음, 서울대학교 철학사상연구소 펴냄, 2003

● 《홉스&로크: 국가를 계약하라》 문지영 지음, 김영사 펴냄, 2007

● 《사회계약론》 장 자크 루소 지음, 이환 옮김, 서울대학교출판부 펴냄, 1999

● 《인간 불평등 기원론》 장 자크 루소 지음, 주경복·고봉만 옮김, 책세상 펴냄, 2003

● 〈사회계약론의 역사적 의의〉 고봉진 글, 《법과정치》 20집, 2014

4장 ────────────────────────────────

● 《국가·정체(政體)》 플라톤 지음, 박종현 옮김, 서광사 펴냄, 2005

● 《국가, 올바름을 향한 끝없는 대화》 플라톤 지음, 송재범 풀어씀, 풀빛 펴냄, 2005

● 《맹자, 선한 본성을 향한 특별한 열정》 맹자 지음, 김선희 풀어씀, 풀빛 펴냄, 2006

● 《유토피아, 모두가 행복할 수 있다는 즐거운 상상》 토마스 모어 지음, 정순미 풀어씀, 풀빛 펴냄, 2006

● 《8개의 철학 지도》 김선희 지음, 지식너머 펴냄, 2014

● 《철학 콘서트 1》 황광우 지음, 웅진지식하우스 펴냄, 2006

5장 ───────────────

● 《논어》 박성규 지음, 서울대학교 철학사상연구소 펴냄, 2005

● 《논어, 사람 속에서 찾은 사람의 길》 진현종 풀어씀, 풀빛 펴냄, 2008

● 《한비자, 권력의 칼날 위에 선 군주를 위한 제왕학》 한비자 지음, 마현준
  풀어씀, 풀빛 펴냄, 2010

● 《군주론》 마키아벨리 지음, 강정인·김경희 옮김, 까치 펴냄, 2008

● 〈공자의 정치관과 권력론〉 배병삼 글, 《정치사상연구》 5집, 2001

● 〈동서양의 정치적 현실주의〉 강정인·정승현 글, 《사회과학연구》 22집, 2014

6장 ───────────────

● 《국부론》 애덤 스미스 지음, 유인호 옮김, 동서문화사 펴냄, 2008

● 《청소년을 위한 국부론》 김수행 지음, 두리미디어 펴냄, 2010

● 《자본론》 칼 마르크스 지음, 김수행 옮김, 비봉출판사 펴냄, 2007

● 《자본론, 자본의 감추어진 진실 혹은 거짓》 칼 마르크스 지음, 손철성 풀어
  씀, 풀빛 펴냄, 2005

● 《원숭이도 이해하는 자본론》 임승수 지음, 시대의창 펴냄, 2012

● 《노예의 길》 하이에크 지음, 김이석 옮김, 나남 펴냄, 2006

비행청소년 09

고전하는 십 대의 이유 있는 고전

초판 1쇄 발행 2015년 11월 25일
초판 2쇄 발행 2016년 11월 25일

지은이 이재환 그린이 신병근
펴낸이 홍석 전무 김명희
기획·책임편집 김재실 디자인 신병근
마케팅 홍성우·김정혜·김화영 관리 최우리

펴낸 곳 도서출판 풀빛 등록 1979년 3월 6일 제8-24호
주소 120-818 서울특별시 서대문구 북아현로 11가길 12 3층
전화 02-363-5995(영업), 02-362-8900(편집) 팩스 02-393-3858
홈페이지 www.pulbit.co.kr 전자우편 inmun@pulbit.co.kr

ⓒ 이재환, 2015

ISBN 978-89-7474-777-0 44100
ISBN 978-89-7474-760-2 44080(세트)

이 책의 국립중앙도서관 출판시도서목록(CIP)은 서지정보유통지원시스템 홈페이지(seoji.nl.go.kr)와
국가자료공동목록시스템(www.nl.go.kr/kolisnet)에서 이용하실 수 있습니다.
(CIP제어번호 : CIP2015030619)

* 책값은 뒤표지에 표시되어 있습니다.

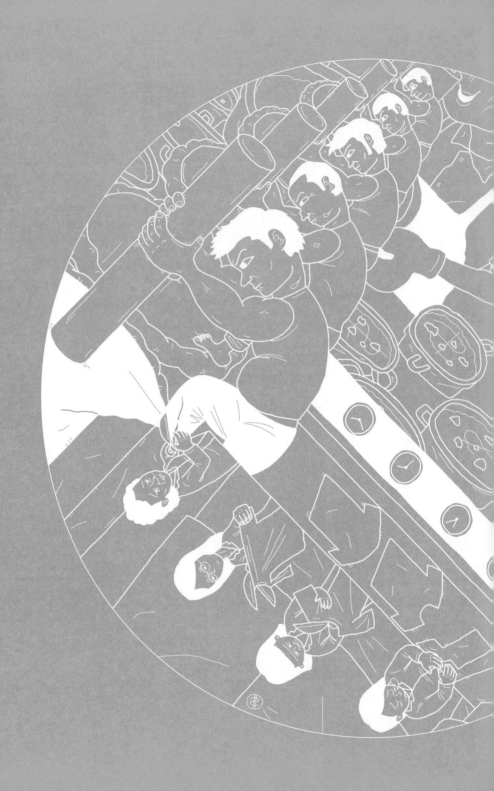